四特 教育系列丛书 SITEJIAOYUXILIECONGSHU

与学生谈青春期烦恼

《“四特”教育系列丛书》编委会　编著

吉林出版集团股份有限公司
全国百佳图书出版单位

图书在版编目 (CIP) 数据

与学生谈青春期烦恼 / 《“四特”教育系列丛书》编委会编著 . —长春：吉林出版集团股份有限公司，2012.4

（“四特”教育系列丛书 / 庄文中等主编 . 与学生谈生命与青春期教育）

ISBN 978-7-5463-8638-6

I. ①与… Ⅱ . ①四… Ⅲ . ①青春期－心理健康－健康教育 Ⅳ . G479

中国版本图书馆 CIP 数据核字（2012）第 044173 号

与学生谈青春期烦恼

YU XUESHENG TAN QINGCHUNQI FANNAO

出 版 人 吴 强
责任编辑 朱子玉 杨 帆
开　　本 690mm × 960mm 1/16
字　　数 250 千字
印　　张 13
版　　次 2012 年 4 月第 1 版
印　　次 2023 年 2 月第 3 次印刷

出　　版 吉林出版集团股份有限公司
发　　行 吉林音像出版社有限责任公司
地　　址 长春市南关区福祉大路 5788 号
电　　话 0431-81629667
印　　刷 三河市燕春印务有限公司

ISBN 978-7-5463-8638-6　　　　定价：39.80 元

前　言

学校教育是个人一生中所受教育最重要组成部分，个人在学校里接受计划性的指导，系统地学习文化知识、社会规范、道德准则和价值观念。学校教育从某种意义上讲，决定着个人社会化的水平和性质，是个体社会化的重要基地。知识经济时代要求社会尊师重教，学校教育越来越受重视，在社会中起到举足轻重的作用。

“四特教育系列丛书”以“特定对象、特别对待、特殊方法、特例分析”为宗旨，立足学校教育与管理，理论结合实践，集多位教育界专家、学者以及一线校长、老师们的教育成果与经验于一体，围绕困扰学校、领导、教师、学生的教育难题，集思广益，多方借鉴，力求全面彻底解决。

本辑为“四特教育系列丛书”之《与学生谈生命与青春期教育》。

生命教育是一切教育的前提，同时还是教育的最高追求。因此，生命教育应该成为指向人的终极关怀的重要教育理念，它是在充分考察人的生命本质的基础上提出来的，符合人性要求，是一种全面关照生命多层次的人本教育。生命教育不仅只是教会青少年珍爱生命，更要启发青少年完整理解生命的意义，积极创造生命的价值；生命教育不仅只是告诉青少年关注自身生命，更要帮助青少年关注、尊重、热爱他人的生命；生命教育不仅只是惠泽人类的教育，还应该让青少年明白让生命的其它物种和谐地同在一片蓝天下；生命教育不仅只是关心今日生命之享用，还应该关怀明日生命之发展。

同时，广大青少年学生正处在身心发展的重要时期，随着生理、心理的发育和发展、社会阅历的扩展及思维方式的变化，特别是面对社会的压力，他们在学习、生活、人际交往和自我意识等方面，都会遇到各种各样的心理困惑或问题。因此，对学生进行青春期健康教育，是学生健康成长的需要，也是推进素质教育的必然要求。青春期教育主要包括性知识教育、性心理教育、健康情感教育、健康心理教育、摆脱青春期烦恼教育、健康成长教育、正确处世教育、理想信念教育、坚强意志教育、人生观教育等内容，具有很强的系统性、实用性、知识性和指导性。

本辑共20分册，具体内容如下：

1.《与学生谈自我教育》

自我教育作为学校德育的一种方法，要求教育者按照受教育者的身心发展阶段予以适当的指导，充分发挥他们提高思想品德的自觉性、积极性，使他们能把教育者的要求，变为自己努力的目标。要帮助受教育者树立明确的是非观念，善于区别真伪、善恶和美丑，鼓励他们追求真、善、美，反对假、恶、丑。要培养受教育者自我认识、自我监督和自我评价的能力，善于肯定并坚持自己正确的思想言行，勇于否定并改正自己错误的思想言行。要指导受教育者学会运用批评和自我批评这种自我教育的方法。

2.《与学生谈他人教育》

21世纪的教育将以学会“关心”为根本宗旨和主要内容。一般认为，“关心”包括关心自己、关心他人、关心社会和关心学习等方面。“关心他人”无疑是“关心”教育的最为重要的方面之一。学会关心他人既是继承我国优良传统的基础工程，也是当前社会主义精神文明建设的基础工程，是社会公德、职业道德的主要内容。许多革命伟人，许多英雄模范，他们之所以有高尚境界，其道德基础就在于“关心他人”。本书就学生的生命与他人教育问题进行了系统而深入的分析和探讨。

3.《与学生谈自然教育》

自然教育是解决如何按照天性培养孩子，如何释放孩子潜在能量，如何在适龄阶段培养孩子的自立、自强、自信、自理等综合素养的均衡发展的完整方案，解决儿童培养过程中的所有个性化问题，培养面向一生的优质生存能力、培养生活的强者。自然教育着重品格、品行、习惯的培养；提倡天性本能的释放；强调真实、孝顺、感恩；注重生活自理习惯和非正式环境下抓取性学习习惯的培养。

4.《与学生谈社会教育》

现代社会教育是学校教育的重要补充。不同社会制度的国家或政权，实施不同性质的社会教育。现代学校教育同社会发展息息相关，青少年一代的成长也迫切需要社会教育密切配合。社会要求青少年扩大社会交往，充分发展其兴趣、爱好和个性，广泛培养其特殊才能，因此，社会教育对广大青少年的成长来说，也其有了极其重要的意义。本书就学生的生命与社会教育问题进行了系统而深入的分析和探讨。

5.《与学生谈创造教育》

我们中小学实施的应是广义的创造教育，是指根据创造学的基本原理，以培养人的创新意识、创新精神、创造个性、创新能力为目标，有机结合哲学、教育学、心理学、人才学、生理学、未来学、行为科学等有关学科，全面深入地开发学生潜在创造力，培养创造型人才的一种新型教育。其主要特点有：突出创造性思维，以培养学生的创造性思维能力为重点；注重个性发展，让学生的禀赋、优势和特长得到充分发展，以激发其创造潜能；注意启发诱导，激励学生主动思考和分析问题；重视非智力因素。培养学生良好的创新心理素质；强调实践训练，全面锻炼创新能力。本书就学生的生命与创造教育问题进行了系统而深入的分析和探讨。

6.《与学生谈非智力培养》

非智力因素包含：注意力、自信心、责任心、抗挫折能力、快乐性格、探索精神、好奇心、创造力、主动思索、合作精神、自我认知……本书就学生的非智力因素培养问题进行了系统而深入的分析和探讨，并提出了解决这一问题的新思路、可供实际操作的新方案，内容翔实，个案丰富，对中小学生、教师及家长均有启发意义。本书体例科学，内容生动活泼，语言简洁明快，针对性强，具有很强的系统性、实用性、实践性和指导性。

7.《与学生谈智力培养》

教师在教学辅导中对孩子智力技能形成的培养，应考虑智力技能形成的阶段，采取多种教学措施有意识地进行。本书就学生的智力培养教育问题进行了系统而深入的分析和探讨，并提出了解决这一问题的新思路、可供实际操作的新方案，内容翔实，个案丰富，对中小学生、教师及家长均有启发意义。本书体例科学，内容生动活泼，语言简洁明快，针对性强，具有很强的系统性、实用性、实践性和指导性。

8.《与学生谈能力培养》

真正的学习是培养自己在没有路牌的地方也能走路的能力。能力到底包括哪些内容？怎样培养这些能力呢？本书就学生的能力培养问题进行了系统而深入的分析和探讨，并提出了解决这一问题的新思路、可供实际操作的新方案，内容翔实，个案丰富，对中小学生、教师及家长均有启发意义。本书体例科学，内容生动活泼，语言简洁明快，针对性强，具有很强的系统性、实用性、实践性和指导性。

9.《与学生谈心理锻炼》

心理素质训练在提升人格、磨练意志、增强责任感和团队精神等方面有着特殊的功效，作为对大中专学生的一种辅助教育方法，不仅能够丰富教学内容，改革教学模式，而且能使大学生获得良好的体能训练和心理教育，增强他们的社会适应能力，提高他们毕业之后走上工作岗位的竞争力。本书就学生的心理锻炼问题进行了系统而深入的分析和探讨。

10.《与学生谈适应锻炼》

适应能力和方方面面的关系很密切，我认为主要有以下几个方面：社会环境、个人经历、身体状况、年龄性格、心态。其中最重要是心态，不管遇到什么事情，都要尽可能的保持乐观的态度从容的心态。适应新环境、适应新工作、适应新邻居、适应突发事件的打击、适应高速的生活节奏、适应周边的大悲大喜，等等，都需要我们用一种冷静的态度去看待周围的事物。本书就学生的社会适应性锻炼教育问题进行了系统而深入的分析和探讨。

11.《与学生谈安全教育》

采取广义的解释，将学校师生员工所发生事故之处，全部涵盖在校园区域内才是，如此我们在探讨校园安全问题时，其触角可能会更深、更远、更广、更周详。

12.《与学生谈自我防护》

防骗防盗防暴与防身自卫、预防黄赌毒侵害等内容，生动有趣，具有很强的系统性和实用性，是各级学校用以指导广大中小学生进行安全知识教育的良好读本，也是各级图书馆收藏的最佳版本。

13.《与学生谈青春期情感》

青春期是花的季节，在这一阶段，第二性征渐渐发育，性意识也慢慢成熟。此时，情绪较为敏感，易冲动，对异性充满了好奇与向往，当然也会伴随着出现许多情感的困惑，如初恋的兴奋、失恋的沮丧、单恋的烦恼等等。中学生由于尚处于发育过程中，思想、情感极不稳定，往往无法控制自己的情绪，考虑问题也缺乏理性，常常会造成各种错误，因此人们习惯于将这一时期称作“危险期”。本书就学生的青春期情感教育问题进行了系统而深入的分析和探讨。

14.《与学生谈青春期心理》

青春期是人的一生中心理发展最活跃的阶段，也是容易产生心理问题的重要阶段，因此要关注心理健康。本书就学生的青春期心理教育问题进行了系统而深入的分析和探讨，并提出了解决这一问题的新思路、可供实际操作的新方案，内容翔实，个案丰富，对中小学生、教师及家长均有启发意义。本书体例科学，内容生动活泼，语言简洁明快，针对性强，具有很强的系统性、实用性、实践性和指导性。

15.《与学生谈青春期健康》

青春期常见疾病有，乳房发育不良，遗精异常，痤疮，青春期痤疮，神经性厌食症，青春期高血压，青春期甲状腺肿大，甲型肝炎等。用注意及时预防以及注意膳食平衡和营养合理。本书就学生的青春期健康教育问题进行了系统而深入的分析和探讨，并提出了解决这一问题的新思路、可供实际操作的新方案，内容翔实，个案丰富，对中小学生、教师及家长均有启发意义。本书体例科学,内容生动活泼,语言简洁明快,针对性强,具有很强的系统性、实用性、实践性和指导性。

16.《与学生谈青春期烦恼》

青少年产生烦恼的生理原因是什么？青少年的烦恼有哪些？消除青春期烦恼的科学方法有哪些？本书就学生如何摆脱青春期烦恼问题进行了系统而深入的分析和探讨,并提出了解决这一问题的新思路、可供实际操作的新方案,内容翔实,个案丰富,对中小学生、教师及家长均有启发意义。本书体例科学,内容生动活泼,语言简洁明快,针对性强,具有很强的系统性、实用性、实践性和指导性。

17.《与学生谈成长》

成长教育的概念,从目的和方向上讲,应该是培育身心健康的、适合社会生活的、能够自食其力的、家庭和睦的、追求幸福生活的人;从内容上讲,主要是素质及智慧的开发和培育。人的内涵最根本的是思想,包括思想的内容、水平、能力等;外显的是言行、气质等。本书就学生的健康成长问题进行了系统而深入的分析和探讨,并提出了解决这一问题的新思路、可供实际操作的新方案,内容翔实,个案丰富,对中小学生、教师及家长均有启发意义。

18.《与学生谈处世》

处世是人生的必修课,从小要教给孩子处世的技巧,让孩子学会处世的智慧,这对他们的成长至关重要。本书从如何做事、如何交往、如何生活、如何与人沟通、如何处理自己的消极情绪等十个方面着手,力图把处世的智慧教给孩子,让孩子学会正确处理复杂的人际关系。本书体例科学,内容生动活泼,语言简洁明快,针对性强,具有很强的系统性、实用性、实践性和指导性。

19.《与学生谈理想》

教育是一项育人的事业,人是需要用理想来引导的。教育是一项百年大计,大计是需要用理想来坚持的。教育是一项崇高的事业,崇高是需要用理想来奠实的。学校没有理想,只会急功近利,目光短浅,不能真正为学生终身发展奠基;教师没有理想,只会自怨自艾,早生倦怠,不会把教育当作终身的事业来对待。学生没有理想,就没有美好的未来。本书就学生的理想信念问题进行了系统而深入的分析和探讨,并提出了解决这一问题的新思路、可供实际操作的新方案,内容翔实,个案丰富,对中小学生、教师及家长均有启发意义。

20.《与学生谈人生》

人生观是对人生的目的、意义和道路的根本看法和态度。内容包括幸福观、苦乐观、生死观、荣辱观、恋爱观等。它是世界观的一个重要组成部分,受到世界观的制约。本书就学生如何树立正确的人生观问题进行了系统而深入的分析和探讨,并提出了解决这一问题的新思路、可供实际操作的新方案,内容翔实,个案丰富,对中小学生、教师及家长均有启发意义。本书体例科学,内容生动活泼,语言简洁明快,针对性强,具有很强的系统性、实用性、实践性和指导性。

由于时间、经验的关系,本书在编写等方面,必定存在不足和错误之处,衷心希望各界读者、一线教师及教育界人士批评指正。

编者

目　录

第一章

正确认识自我

第一节　透视心理困惑

1. 为什么觉得自己很没用

你的困惑：都说天生我才必有用，可是我从我的身上却看不到任何的才能，更加看不到未来的方向，上天赋予了他人美貌、优美的身姿、动听的歌喉、超强的记忆力，而我却什么也没有。

我来为你疏导：

心灵故事之→

小丹在上初二时，他那温暖舒适的家突然破碎了。父母因为感情不和而离异了，他和妈妈一起过，他一下子觉得自己一无所有。失去爱的心理掺杂着丝丝的恨，犹如一团拨不开的迷雾，笼罩着她的心。为什么爸爸离我们而去？他不爱我们了吗？为什么我和妈妈要搬迁到另一个城市里？他们为什么这么残忍？由于生活改变，给了他沉重的打击，使他整天觉得自己很可怜很孤独。对于眼前的一切他不习惯，以前的知心朋友和属于自己的一切都不存在了，在陌生的环境里他是那么的无助。

刚开始，小丹沉闷不乐、情绪也不稳定。后来因为心理上的打击，他越来越恨爸爸和妈妈，开始强烈的反抗，不管什么事情都和妈妈作对，与妈妈吵架、逃学，成了一个典型的“问题少年”。老师们不管他，同学们讨厌他，他自己也抱着破罐破摔的心理。不管别人怎么说他，他也不听。他觉得自己是一个没有人要的孩子，是一个坏孩子，他不相信自己，不相信任何人，他自暴自弃，把自己关在为自己建的“牢笼”里，他不相信自己能走出去，能从新的站起来。

透视心灵深处→

小丹这是一种自暴自弃的行为，是糟蹋自己，是对自己不负责任的表现，我们常人云亦云地相信，糟蹋自己是一项美德，是所谓的谦卑。其实，谦卑与糟蹋自己正好相反。

自弃是指自己懒惰成性、不求上进、得过且过、不思进取。一般自弃的人是没有理想和追求的，不愿意吃苦，不愿意奋斗，最终什么事也做不成。据《孟子·离娄上》记载：“自暴者，不可与有言也；自弃者，不可与有为也。言非礼义，谓之自暴也；吾身不能居仁由义，谓之自弃也。”

青少年之所以产生自弃心理，多数是因为学习不够认真，成绩较差，多次遭受老师或家长的批评而造成的。有这种心理的青少年，总觉得别的同学看不起自己，在老师和家长眼里是个坏孩子，因而自尊心减退、丧失自信心。

青春期是青少年风华正茂的时候，他们的生活像一幅美丽的风景画，多姿多彩，他们的这个时期令人羡慕和向往，然而，有些青少年并不快乐。他们的心理素质比较弱，他们会因为成绩不好或做错了事而自暴自弃，整天闷闷不乐，对生活彻底的失去信心。其实，世界上永远没有一帆风顺的事，一路走来会有很多的坎坎坷坷，只有你仔细地品味这些困难和挫折，才会拥有无悔的青春。

解开心结→

青少年应当勇于与自己的消极心理做斗争，战胜自弃，直面更加精彩的人生。以下方法可做参考：

1. 赏识自己，重视个人的发展

每个人都希望得到别人的理解、信任和赏识。要学会从老师和家长的话语中读懂鼓励和关爱，哪怕只是一句赞美，也要让它成为自信的“肥料”。

2. 培养好奇心，挖掘学习的动力

青少年这个时期的最大的特点就是好奇心强，可以利用这一点，通过参加各种有益活动，引起自己的好奇心，帮助自己激发学习的动力。

3. 远离自弃，树立正确的自信心

如果你的心仍在困惑，你就要学会找帮手，找一个可以进行心灵沟通的知心者，如人生阅历丰富的老师、家人，心态好的朋友等，让他们帮你指出明确的目标和方向。

总之，青少年要想彻底的抛弃自弃，就不要自怨自艾、郁郁寡欢，消除你的愁容，放飞你美丽的心灵，每天保持良好的心态，你会觉得生活是那么美好和温馨。

2. 为什么对失败充满恐惧

你的困惑：我的“年级第一”、“三好学生”都被班里同学抢去了，我从来都不曾觉得自己是如此的无能，从此，我的成绩也是一落千丈。现在的我失去了往日的自信，我害怕考试，害怕看书，害怕看到父母的身影，害怕身边的一切……

我来为你疏导：

心灵故事之一

童第周是我国著名的生物学家，他为国争光，为社会甚至是人类的发展都做出了很大的贡献，然而，他坎坷的人生则更加令人心发感慨。

童第周出生在浙江省的一个偏僻的小山村里。从小他对知识就十分的渴望，但是因为家境贫困上不起学，所以他只能一直跟着父亲学习文化知识，直到十七岁时进入学校的大门。

他十分珍惜在学校学习的机会，此时作为一名中学生，他自身的基础太差了，跟父亲学的知识远远不够，因此，中学的课程让他十分吃力，第一次考试他的平均成绩才 50 分。由于他的成绩较差学校命令其退学或留级。为此他倍受打击，他诚恳地向学校再三请求，最后校长为他的执著所感动，于是同意他再跟班试读一学期，但如果成绩还是那么差就必须自动退学，毫无商量的余地。

此后童第周就“疯”了。他发誓一定要抓住这来之不易的机会，全力以赴的奋力学习。于是，他常常与“路灯”相伴，五更时他就起来在路灯下读书；有时晚上寝室灯熄后，他就在路灯下复习功课。终于“功夫不负有心人，”在期末考试时，他的平均成绩达到 75 分，数学还得了 100 分。他成功的把握了人生的一次重要的机会，被批准继续上学。

后来，他凭着自己坚强的意志，刻苦钻研、勤奋好学，取得了卓越的成就。

透视心灵深处→

名人、伟人之所以可以名扬天下甚至是名垂青史，其中必经一番苦难折磨，因为只有强者才能驾驭挫折，驾驭生命。

从童第周的例子我们可以看出来，具有坚强的意志对一个人来说是多么的重要。如果他没有坚强的意志，他就会被迫退学；如果他没有坚强的意志，他就不会成为著名的生物学家。

心理学认为，挫折是在有目的的活动中遇到无法克服的心理障碍或干扰所造成的，因为自己所需要的没有得到而产生的消极心理。在生活中挫折是对勇气的最大考验，就是看一个人能否做到败而不馁。

青少年时期有许许多多的幻想和目标，为将其变成现实，他们会付出种种努力甚至刻意的追求。当这种需求持续性地不能得到满足或部分满足时，他们的心理就会产生了挫折感，所以挫折也可称为是需要得不到满足时的紧张情绪状态。如果挫折产生于较为重大的目标，如学业、工作、爱情等上，这种挫折可称之为失败；如果这种挫折的障碍与压力持续时间长，影响范围广，将会使其处于一种不利身心发展的人生位置，则称为身处逆境。挫折、失败和逆境会给青少年带来紧张状态和失望、压抑、沮丧、忧郁、苦闷等紧张心理状态和情绪反应，心理学上称之为挫折感或挫折心理。

在日常生活中，青少年的挫折心理表现在很多方面，例如：

1. **学习方面**

由于青少年处于成长阶段，在生活方面会有一系列的新问题，因此产生很多烦恼。然而大多数烦恼是来自学习方面的。具体表现是学习的课程较多、内容太难，随着现在科学技术的快速发展，知识水平也随着逐渐增长，造成了青少年沉重的学习负担，这种压力远远超出了他们承受能力。另外由于压力过重等原因造成的成绩不理想，会使他们自暴自弃、没有上进心、厌学等，这些都是青少年在学习上所表现出来的挫折心理。

2．非理智方面

非理智是一个人遭受时挫折的一种信号。这种不良情绪有冷漠、攻击、逃避等等。对于这种情况父母和老师要及早了解并找出原因，尽快解决以防患于未然。

3．人际关系方面

人际交往在日常生活是很重要的，有的青少年比较内向，不善于表达。造成在人际交往中感到紧张、惶恐，怕与人接触。产生和同学之间的关系一直搞不好。时间久了他们就会养成一种自闭的习惯，把自己整天锁在狭隘的书桌上，慢慢地形成了性格孤僻、偏激等一些挫折心理的表现。

4．安全感不强

一般青少年在受挫折的情况下，最容易缺乏安全感了。有时会变得过于敏感，认为别人总是讽刺或攻击自己，因此产生一种无法介入的戒备心理。他们经常表现为敏感和多疑。例如：担心朋友对自己不忠，会出卖自己。怀疑同学们对自己的称赞是否有恶意等等。

5．理想方面

青少年的思想往往是比较单纯的，考虑事情过于简单，不能正确的评价自己的能力，对自己的要求过高。在制定理想时，往往很不切合实际。一旦未能达到理想，心理上就会有巨大的失落感，产生悲伤的心情，觉得人生无望、前途渺茫。

解开心结→

青少年正处于长身体、长知识的好时期。此时，正是树立正确的人生观、塑造健全人格、培养良好品质的关键时期。因此，青少年战胜挫折至关重要。方法主要有以下几点：

1. 青少年遇到挫折时要冷静的分析原因，从客观的条件中找出受挫折的原因，并制定有效的措施。

2. 青少年在制定目标时要正确认识前进的目标，并学会在前进过程中及时调整自己的目标。青少年还要注意在合适的场合发挥自己的优势，并确定合适的奋斗目标。例如：一位著名的作家在年轻时一心想当戏剧家，他三次投考海南戏剧学院都名落孙山，随后他专攻写作，最终取得了意想不到的成果。

3. 青少年要善于把压力变为动力。有时适当的压力能够有效地激起你的动力。也就是人们常说的“好事多磨”。

4. 青少年要有正确挫折观念。经常保持积极乐观的态度。让挫折和教训使我们变得更聪明、成熟。用失败的经验帮助你慢慢走向成功。

总而言之，挫折是人的心理发展由不成熟阶段过渡到成熟阶段的必经之路。青少年要能容忍挫折，学会自我宽慰，胸怀坦荡、情绪乐观、发奋图强，满怀信心地走向取成功。

3. 为什么对自己言行感到不安

你的困惑：我不敢面对同学们所谓的“机会”，我不敢尝试老师给我的挑战，如唱歌、领操，甚至是做班干部。我觉得自己根本就没有能力，一旦我尝试了，留给我的可能是失败与同学们的嘲笑。

我来为你疏导：

心灵故事之→

在印第安有一群村民被白人追杀，当时的处境非常危险。村长把村民们集中在一起，说：“我有件很重要的事情告诉大家！”在场的所有人都神情凝重地听着。

村长说：“这不是一个好消息，我们现在除了水和牛饲料以外，没有其他可以吃的东西了。”全场死一般的寂静，所有的人脸色都变得惨白。

突然，村长又神情木然的说：“还有一个好消息要告诉大家。”

“真的?”这下全场一片欢呼，每个人都觉得生存的希望之火又点燃了。

村长笑着说：“那就是，我们还存有很的水和牛饲料。”

后来，村子里的所有人都顽强地生存了下来。

这个故事告诉我们，在厄运面前不绝望的人，最终是不会被生活打垮的人；也就是说，人生的好多次失败，最后并不是败给了别人而是败给了悲观的自己。

透视心灵深处→

在心理学上，悲观是对自己的言行感到不满而产生的一种不安情绪，也就是心理上的自我指责，觉得没有一丝的安全感及对害怕面对现实等多种心理形成的混合物。

青少年时期是成长过程中不论是身体还是心理上变化最大的时期，在这个成长的过程中他们会遇到很多困惑和烦恼。对于这个时期的青少年来说，如果成长的烦恼没有得到合理的宣泄和解决，青少年就很容易产生挫折和失败的心理，此时会有悲观心理产生，而且将会对身边的很多东西失去兴趣。

一般悲观的人，先把自己打败，然后被生活打败。特别是在初一、高一年级的学生这种情况最为明显。也可以这样说，青少年时期是人的生理和情感及对社会的认知变化最大的时期，在这个过程中，青少年面临各种各样的环境和变化，从心理上将会有很大的转变。所以当青少年来到一个新的环境时，他不能很快适应新的生活和环境，这种消极心理就会使青少年陷入悲观和压抑。

青少年在交往的过程中有取悦他人的倾向，经常承受不属于他自己的过错。这就和他们内心的悲观心态有关。此时，心里也会相当痛苦和难受。所以迫使他们形成胆小怕事、怯懦、退缩、忍让等不良的习惯。

这种类型的人所受的痛苦是有限的，同样前途也是有限的；人的一生总会经历一些不如意的事，有时自己的行为表现也并非令人满意，也可能会导致自我批评和害怕等情绪。所以悲观的青少年不要整天沉湎于这些感受之中，要经常鼓励自己积极向上，做一个乐观向上、朝气蓬勃年轻人。

解开心结→

悲观是人生观理论中的一种形式，有关专家认为：“人生如同上好的旋踵，盲目地走只是听命于生存意志的摆布，那么，追求人生的目标和价值就毫无意义了”。因为每个人都有意志、欲求和渴望。所以，如果欲望得不到满足，那么就会使青少年悲观失望。尤其是青少年在自信心不足时，悲观的心理就会大大增加，这也是产生悲观的主要因素，同时它还会在行动上带来阻碍，使你对未来产生犹豫不定。

所以，青少年为了美好的明天要战胜悲观心理。方法如下：

1. 乐观是心胸豁达的表现，是人际交往的基础。要和乐观的人做朋友，在和他们交往的过程中，学习他们看待事物的态度和思考模式，根据实际情况不断的改变自己的认知和心态。而且，和乐观的人在一起容易感受到更多快乐，可以有助于你从悲观的情绪中尽快走出来。

2. 了解自己的心态，多做户外运动，让自己全身心的投入到大自然的怀抱中。利用外界的景物赶走心中的不愉快，让大自然的宁静给你带来轻松的好心情。

3. 如果你悲观的情绪难以自拔时，可以暂时转移注意力，听一些轻松的音乐，让优美的旋律溶解你内心的不良情绪，也可以做做体育锻炼，分散自己的注意力。

4. 失败是成功之母。放弃过去的任性和执著。用积极的人生态度，为自己增强自信心，脚踏实地寻求成功的方法，消除悲观的心理。

4. 为什么觉得自己事事不如人

你的困惑：我学习成绩不如别人，我长得不如别人，我的家庭条件不如别人，我的一切都不如别人，叫我如何抬起头来？

我来为你疏导：

心灵故事之→

1870 年，维也纳一个商人家里出生了一个叫阿德勒的男孩。从小体弱多病而且其貌不扬，所以无论是家里还是学校，他都是经常被人遗忘的角色。而他的哥哥却非常出色，是同龄人中的佼佼者，是全家人的骄傲。在这种强烈的对比中，男孩的心头总罩着一层挥之不去的阴云，他苦闷、压抑却无法自拔。他因此而非常的自卑，做什么事情都畏首畏尾，也更加让人忽视。后来，随着这个男孩子慢慢的长大，他开始明白让自己感到苦闷、使自己行动受到限制的原因就是自卑。经过多年的努力，他认为："由于身体缺陷或其他原因引起的自卑，不仅能摧毁一个人，使人自甘堕落，另一方面，它可以激励人发奋图强。力求振作，以补偿自己的弱点。"想要成功就要去战胜自卑，进而把自卑转化为向上的动力。他做到了，最终成为一位著名的心理学家，他就是阿德勒。

从这个故事中，我们可以看到，自卑是我们生活以及事业、交往中的绊脚石，要想通向成功，必须克服自卑心理。

透视心灵深处→

所谓自卑，是对自己的评价偏低、觉得自己自愧无能，而内心经常有自怨自艾、悲观失望等情绪产生的消极心理。这种心理是对自己缺乏正确的认识，表现为青少年在交往过程中时常缺乏自信心，在办事时没有胆量，总是畏首畏尾或随声附和，自己没有一点主见，一旦遇到挫折或是有些事情没有做好就以为是自己不好而造成的。这种自卑的心理会导致他们在生活中失去与人交往的勇气和信心。

过度自卑的青少年往往敏感多疑，胆怯懦弱，孤僻内向等。常常情不自禁地过分夸大自己的缺陷，甚至毫无根据地臆造出许多弱点，把自己看得一无是处，具体表现在：

对批评特别敏感。自卑感强的青少年，往往伴有不安、焦虑、恐惧等不良情绪。怀疑自己的能力，又过分担心别人看不起自己，呈现出一种病态的自我保护心理，神经质地对待别人的批评意见。对别人的言行会做出不正常的反应，要么大哭大闹，要么极度消极，总认为人们轻视、贬低、挑剔、歧视自己，因而对别人的言行做出不正常的反应。

自暴自弃。占大比例的自卑儿童往往会表现为自暴自弃、不求上进，认为反正自己不行，在做事过程中，只要遇到困难挫折，就轻易放弃，无法坚持，总认为努力也是白费力气。更有甚者，还可能表现出自虐行为，如故意在大街上乱窜，深夜独自外出、生病拒绝求医服药等，有意把自己暴露在危险情境之中，并表现出对自己的残害行为。

对别人轻视、嫉妒。自卑者为了减轻自己的心理压力而贬低别人，以使自己地地位不会显得过低。这些青少年往往有较强烈的嫉妒心理。心理学家认为，这是他们为减轻自己因自卑而产生心理压力设计的宣泄情绪的渠道，尽管这往往并不奏效。

不敢参与竞争。自卑的人惧怕竞赛场合，不相信自己的力量，虽然十分渴望获得成功的体验，但由于对自己的能力缺乏信心，通常还未交锋就断定自己会失败，因此，这样的青少年总是尽量躲避竞赛场合。有的虽然在他人的鼓励下勉强报名参赛，但往往在正式参赛时又会临阵逃脱，甘当“逃兵”。

较少与同伴交往。在集体生活中，从来不愿抛头露面，自卑心理的青少年绝大多数对交朋结友或兴趣索然，或视为“洪水猛兽”。很少主动与同伴交往，一般没有朋友，或者过分依赖于某一个能保护自己的同伴。

一般引起青少年的自卑心理主要原因有以下几方面：

1. 外貌和体形。如五官不够端正，过瘦、过胖、口吃等缺陷造成的；比如，一位男同学，因身材不好引起自卑，并认为同学看不起他，

使他感到自己的言谈举止及社交能力均不如别人。

2. 社会环境。如出身农村，经济条件差。

3. 生活经历。如当众出丑、被人嘲弄等。

青少年的自卑表现最突出的就是敏感性和掩饰性，他们经常从别人的言谈举止中寻找与自己有利的评价；由于担心被别人知道自己的缺陷，常常刻意的掩饰或否认，从侧面表现出较强的虚荣心。

经有关人士研究表明，自卑严重的青少年具有以下心理缺陷：

1. 对一切事情过于敏感。

2. 没有自我形象，常把自己封闭起来，以掩饰自己的弱点。

3. 没有正确的竞争意识。

4. 一心倾向于超越现实的幻想世界里，缺乏社会活动的积极性，有严重的孤独感。

解开心结→

自卑心理并不可怕，在正常人中也会有的，不一定是病态心理，问题在于有了自卑感怎么办？

一、自我满足，消除自卑心理。

青少年的心理比较敏感脆弱，经不起困难和挫折的打击。如果一旦遭受挫折，就很容易变得堕落并产生自卑感。因此，青少年做事时不要有过高的要求，要做到善于满足自我，在生活和学习上，目标不要定得过高，这样既容易达到目标又避免了挫折的发生。

二、提高自我评价，远离自卑心理

一般自卑的青少年比较注重别人对他的低估评价，不愿接受别人对自己的高估评价。总是喜欢拿自己的短处与别人的长处相比。这样越比越觉得自己差，越比越泄气，自然在心理上就产生了自卑感。其实，每个人都各有优缺点。因此，有自卑心理的青少年，要正视自己的优点，经常回忆自己经过不懈的努力而达到目标的成功的事例；还要善于发现自己的优点，来激发自己的自信心。

三、正视自己的不足与缺陷

要克服自卑，就要正视自卑。有些青少年把问题看得过于严重，终日沉浸在自己的自卑情绪中，甚至回避与其他同学交往，将自己封闭起来。但是这更加容易使自己在思想上陷入自卑的情绪，形成恶性循环，加重自卑。正确的态度应该是面对现实，坦然面对自己的不足和缺陷，针对自己不如别人的方面进行自我调整和改变。如果是学习差，就更应该努力提高自己的学习能力，迎头赶上。如果是生理方面的原因，就要在思想上争取更胜一筹，一个心地善良、作风正派的人，其轩昂的气宇与良好的精神面貌，足以弥补身材不高或某种生理上缺陷。众所周知，贝多芬只有一米六三，而且身受各种疾病的缠绕，但这没有阻碍他成为一代乐圣。因此，在生活和学习中，不要执著于自己的不足与缺陷，这样可以极大地减轻不必要的心理负担。

四、要扩大交友圈

要有意识地选择与那些性格开朗、乐观、热情、善良和关心别人的人进行交往。在交往中，你会被他们感染、影响，你的注意力会被他所吸引，会感受到他的喜怒哀乐，跳出个人心理活动的小圈子，那么心情也就会随之变得开朗起来。同时，你还能多方位地认识他人和自己，通过有意识的比较，可以正确认识自己，调整自我评价，提高自信心。

五、建立自信心

自信是消除自卑心理最根本的动力。人生不是一帆风顺的，不要害怕失败，因为失败是难免的，要想到“失败是成功之母”，要以积极的态度面对失败，在失败中汲取力量，相信自己的能力和毅力，克服困难，向成功努力。

未来的世界无限广阔而美好，青少年应该走出自卑的阴影，在自己身上发现特质、独一、不同性，相信自己有其独特。充满自信，大踏步地向前跨越，去创造学业的辉煌，去书写人生的壮丽。

5．为什么不愿与人交往

你的困惑：除了我自己，我不想要任何的朋友。我讨厌看到那些虚伪的人们，世界上最好的、最真诚的朋友莫过于自己，我只想活在自己的世界里。

我来为你疏导：

心灵故事之→

小维觉得自己唯独值得骄傲的就是自己的成绩。她的学习成绩带给她“年级第一”、“三好学生”的荣誉称号，不但如此，她的功课好，为人朴素善良，也是全校有名的。而在家中，她完全没有地位，也许是这样的生长环境使得本身就有点口吃的她性格内向，不太爱与人交往。

一次在上语文公开课时，老师点了她起来回答问题，但是她却没能顺利地回答出来，使得同学们哄堂大笑，老师也顿时变了脸，她因此觉得很丢脸。此后，老师对她的态度十分冷淡，还把她喊到办公室，特别交代她以后上课不要发言，还说是为了避免同学嘲笑她。

此后，小维就再也不说话了，本来学习积极的她对什么也不感兴趣了，终日独自烦恼，完全把自己封闭了起来。同学们不喜欢和她说话得到的冰冷态度，就埋怨了几句，她一开始并不予理会，后来便不再是单独的沉默了，有时还把怨气发泄于砸烂公物，写攻击老师的标语等行为上。时间没过多久，她就从一名三好学生变为了班上的差生。

透视心灵深处→

李刚的转变就说明了由于某种原因所造成的自闭是极为不利于青少年的身心发展的。自闭是青少年走进青春期最常见的现象。进入这一时期的青少年已失去了原本应该拥有的热情、开朗、奔放的性格特点，整天戴着一副成人的面具去追求少年老成的效果，并装出一副老于世故，麻木不仁的态度去对待人生，他们所表现出来的是一种扭曲的性格。表面上，他们对生活中真正打动他们内心的人或事，装作视而不见，但内心却充满了矛盾和痛苦，并又强烈地渴望得到别人的理解和信任。这种由自闭心理所产生的痛苦，远远比其他痛苦更令人难以忍受，甚至会产生消极情绪，甘于堕落。

自闭的表现

1. 有孤独感

如同李刚或其他各方面的因素造成自闭的青少年，虽然在生活上仍和过去一样，他们在父母和朋友中间，但却时常感到莫名的孤独。

2. 不合群，语言行为少

他们通常会将自己放置在群体之外，且不愿多说话，即使感到可以与周围朋友谈论共同的话题，也觉得谁也不能理解自己，因此不如不说。有些自闭患者不但话少，而且做事情的动作也很少而且节奏缓慢，仿佛只有思想在动。

3. 把心事藏起来

虽然可以向父母长辈倾诉自己的困惑，但又可能因此而暴露自己的内心秘密。于是有相当部分的青少年开始把心里话“对自己说”或“对日记本说”，跟同学和师长隐匿秘密。

4. 希望有自己的空间

他们喜欢把一切弄得很神秘，他们希望有单独的房间，要有能上锁的抽屉，在夜深人静之时，在属于自己的小天地里冥思苦想，探索自己的秘密以体验新的价值，逐渐认识自己。

产生自闭的原因

青少年造成自闭的原因是随着青少年身体内部性本能的启动，如少女的月经来潮、少男的遗精出现以及身体外形和第二性征的变化，使青少年不断产生苦恼，也使他们经历了以前从来没有过的内心体验，在他们身上充满了自己无法解答的谜。此时的青少年意识到自己的软弱，一方面想努力掩饰它，同时又希望能找到倾吐的对象和安慰，这实质是自我意识薄弱的流露。

由于自我意识的不断发展，青少年开始把注意力集中在自己的内心感受上，从而意识到自己的思想、情感和其他不同于他人的心理特点。同时，由于社会生活经验的逐渐丰富，他们开始意识到人与人之间存在着心心相印和心理不相容的差别。初期他们可能还愿意对“知心朋友”倾吐自己内心的秘密，瞧不起那些用导师的口吻对他们说话的人，可是，一旦被“背叛”，自己的秘密被泄露了出去，他们就会给曾经的朋友判死刑，从此可能就会把心完全封闭起来。长期将自己的内心世界封起来，活在自己的世界里，就形成了自闭心理。

另外，由于青少年时期不仅身体上有了变化，他们的心理也在随着身体的变化而变化。从年幼无知的儿童到身心发育的青少年，他们懂得了什么叫面子，什么叫自尊自爱。人类的内心世界本来就是由细腻的感情凝聚而成的，而这种感情又如此脆弱，青少年的感情更是如水晶一样不堪一击，别人的一句话，一个动作有时都有可能给他们造成巨大的伤害。因此，青少年产生自闭心理的原因如下：

1．是由于逃避心理所产生的

青少年的自闭行为与生活中所受的挫折有关，有的青少年从小在家里娇生惯养，生活和学习遇到一点挫折和打击后，在精神上觉得受压抑，觉得周围的环境逐渐变得陌生并不可接受。因此，他们为了掩饰自己的孤僻、紧张、焦虑心理，常常远离公众场所，把自己躲在阴暗的角落里，由于不与人交往从而产生自闭心理。

2．不愿与人沟通，常常怀疑别人

这种类型的青少年不相信别人，对老师和同学抱着怀疑的心态，对他们缺少信任感，冷漠、存有戒心，他尽量想方设法逃避眼前的一切，不愿意与同学打成一片，害怕与老师接触，不愿意与别人沟通，他们只愿意与自己交谈，比如写写日记，就这样自己把自己封锁起来。

解开心结→

作为青少年应当信任教师和家长，理解他们的一片苦心。要知道你对别人这样的封闭，怎么会取得别人的理解呢？如果这时父母进入更年期的话，自己对问题的隐瞒封闭，常会加重他们的误解和猜疑。正确的方法应该是求得师长的指导，以帮助自己顺利地渡过这一动荡时期。此外，应从以下两方面去试着改变自己。

一、正确地理解自我意识

自我意识就是我们意识到自我以及自我与外界的关系，并通过自身的改造，达到个人实现或完善的过程。其中，自我意识的具体表现便是自尊心及自信心。自闭心理的青少年，无法把自我认识、评价、体验与同学比较，协调一致，难以形成正确的“自我”概念。对自己缺乏自信。若家长及教师能用同情的态度，疏通他们的封闭心理，促成于他们之间的良好交流，便有利于消除他们的自卑心理，从而走出自闭。

二、学会发泄，适当的放松自己

自闭不等于没有任何不良情绪，相反地，他们会积压很多的情绪在心中，久而久之，会使自闭情况越来越严重，甚至可能会做出偏激的行为。所以，有自闭倾向的青少年，应当有意识的去寻找正确的发泄方式，如打球、下棋、跑步、唱歌、跳舞等等，既锻炼了身体，又发泄了心中的怨气，何乐而不为？

此外，可以多去接触一下大自然，呼吸新鲜空气，让全身心都放松，这样也有助于改善自闭的心理情愫。

6. 为什么总是觉得寂寞

你的困惑：在外人看来我是一个正常的人，正常地上课、下课，正常地吃饭、睡觉……在他们看来，我可能是一个没有情绪、没有脾气的人，其实，我的心灵早就被“孤独感”所侵蚀，即使身边有再多的朋友与亲人，我还是感到自己是孤单一个人，寂寞地活在这个世界上。

我来为你疏导：

透视心灵深处→

孤独又名闭锁心理，就是内心有一种感到与世隔离、孤单寂寞的情绪体验称为孤独。

孤独并不是指单独生活或独来独往。人人都可能有孤独的时候，一个人也许在他的身边有很多的人，然而在大庭广众之间，未必就没有孤独感产生。真正的孤独是那种貌合神离，没有情感和思想交流的人。确切地说，孤独就是对周围一切一点也不了解，对所处环境及周围的人缺乏情感和思想的交流。

孤独是在日常交往中产生的一种冷落、寂寞和被遗弃的心理体验，这是一种消极的情绪表现，特别是对于青少年这一人群，在人际交往中出现的孤独感已是困扰青少年的重要因素。这对青少年行为发展极为不利。

人的身心要想处于正常状态就需要不断地从外界获得新的刺激。由于青少年自尊心的增强，它们与青少年生理、社会性发展的不平衡相互作用，导致青少年期特有的闭锁心理，并因此而产生出孤独感。青少年产生孤独感的原因主要是以下几方面：

1. 独立意识。独立意识是一种向外的力量，青少年处于身心健康全面发展的时期，是从不成熟走向成熟的过渡时期。此时，他们的社交和实践范围也在逐渐扩大，思维能力也在迅速增长，于是不愿再盲目地依从父母。而是积极地用自己的眼睛观看世界，感觉自己长大了，不需要依靠父母了，但残酷的现实又让他们觉得心惊胆战。为了摆脱这种困惑，大多数青少年积极和同龄人交往，增进彼此间的了解。但也有一部分青少年不屑于与同龄人交往，害怕被骗从而转向自闭。

2．过低或是过高的自我评价。有些青少年往往对自己的自我评价过低，这样不仅会产生自卑心理，还容易因缺少朋友而产生孤独感。而有些青少年自我评价过高时，会比较清高，看不起别人，这种类型的人在交往中一般表现为不随和、不合群、不尊重他人，容易引起别人的不满，因此，过高自我评价的人往往因缺乏朋友而感到孤独。

3．自我意识。自我意识是一种向内的力量，青少年时期他们智力发展几乎接近成熟，他们基本上能正确地进行自我观察、自我评价和自我调控。因此他们经常有独特的想法和憧憬，发现自己内心美的同时也看到自己丑的一面。由于这个时候的青少年自尊心较强，个人隐私的范围逐渐扩大，他们很担心自己因某方面不好会被别人耻笑，于是便小心地锁上自己内心的秘密，不愿与别人诉说，从而产生了孤独。

解开心结→

孤独感会使青少年产生挫折感、寂寞和烦躁等情绪，严重的甚至有厌世轻生的念头。所以，青少年应学会打破心理闭锁，消除孤独感。具体方法如下：

1．多和父母沟通。青少年要多了解、多学习成年人的优点和长处，如果你遇到不开心的事时，尽量向父母诉说，这样不仅可以增进你们之间的感情，还可以减少你们之间的代沟。

2．要克服自卑。有些青少年因为自卑而觉得自己各方面都不如别人，所以不敢与别人交往，时间久了就造成了孤独。其实，人和人之间是不可相比的，每个人都是不一样的，每个人都有自己的长处和短处。所以，孤独的青少年要自信起来，走出孤独的困惑，从而克服孤独。

3．多做好事。星期天帮助父母做一些力所能及的家务，在放学的路上，遇到老人或残疾人了帮助他们过马路。这样不仅可以排除孤独感，还可以净化心灵。

4. 多和朋友交流。放开自我，真诚、坦率地把自己交给朋友。如果你感到孤独或需要关心时，可以主动接近别人、关心别人，因为交往是一个相互沟通的过程，所以别人也会对你以诚相待。要是你的朋友离你较远，你可以翻翻旧时的通讯录，给久未联系的朋友打个电话。这样不但可以扩大你的社交面，还融洽了人际关系，孤独感自然就会消退了。要注意，和朋友的联系，不只是在你感到孤独时所要做的事，你要知道，别人也和你一样，也需要得到体会友谊的温暖。

5. 参加有益的公众活动。学会为自己安排丰富有益的业余活动，把思想感情从孤独的小圈子里尽快解脱出来，全身心地投入高尚的活动中去。如游泳、打球、跑步等体育锻炼，既可以你的松弛心情、也可缓解孤独感，同时还可以得到激励。

6. 享受大自然的美。如果你遇到挫折或心情不好时，此时的你又不愿向别人倾诉，你可以到公园或田野里散散步，用和煦的清风吹走你的坏心情，慢慢地心情就会开朗起来。要知道生活中有很多活动是充满了乐趣的，只要你能够充分领略它们的妙处，就能消除孤独感。

7. 为什么不敢与人交流

你的困惑：我的性格内向，即使再想与别人交朋友也不敢主动上前说话；有时候，甚至一看到别人，不论是男是女，尤其是异性，我就很紧张，心中莫名的恐慌。我这是怎么回事？

我来为你疏导：

心灵故事之→

刘瑞在一次上课时，眼神游离间与班上的一位女生的目光相撞，刘瑞顿时感到脸开始发烫，心中也慌乱不已。从此之后，他几乎不敢与那位女生对视，甚至不敢看女孩的那个方向，即使是课外无意看到了那个女孩他也会带着漠然的紧张赶快躲开。

在维持了相当一段时间后，他发现，他不敢再看任何人，有时看到班里的男同学也紧张，不敢抬头与他们对视。以至于后来，他主动找老师，让老师把自己的位置排在第一排，这样就可以避免与别人的目光对视了。

但是对于那些年青的异性老师的目光他也不敢迎视。刘瑞看了很多心理方面的书，知道这是社交的“羞怯”和“视觉恐慌”。他也试了许多的治疗方法，但是一到实际生活中常常就不是那么回事了，他怕和别人交往，更怕别人从自己的目光中读出其他的东西，怕人家怀疑自己有不道德的想法和行为，总也摆脱不了这种阴影。为此，刘瑞陷入了深深的痛苦之中，害怕公众场合和社交场合，不敢与人交往。他自知这是一种病态，但是又无力摆脱，他感到十分痛苦。

透视心灵深处→

怕羞是青少年常见的一种逃避行为，它的表现形式是多种多样的。在日常生活中，我们会经常看到这种现象：有的人在路上碰到熟人因怕羞故意躲避；有的人不敢在大庭广众之下讲话，一讲话就会手足无措、脸红舌硬。在心理学上都称为怕羞心理。

羞怯的心理每人都会有，只是轻重不同而已。从心理学角度看，羞怯是内心深处的胆怯、自卑、不自信等常见的外在表现。时间久了，会形成紧张、焦虑、恐惧等不良情绪，这种情绪会潜移默化地影响到青少年与他人的沟通与交流，使青少年得不到健康的成长。

青少年产生羞怯心理大多数是性格内向，怕见生人，不愿与他人交往，不愿与同龄人一起玩耍，不愿在公开场合抛头露面，总是喜欢一个人默默地呆在一旁，尽量不引起他人的注意。经心理学家研究表明，青少年进入青年期以后，不仅注重自我形象，而且还注重别人对自己的看法，关心自己在人们心目中的形象。但如果这种过于超出常态，久而久之，便会成为一种心理上的束缚，以致不恰当地约束自己的言行，怕与人交往，怯于在公开场合讲话。即使在和他人交往时，也会表现得无所适从、语无伦次，不但不能畅所欲言，反而过多地约束自己的言行。有时在和朋友交谈中不能坦率地表达自己的思想感情，造成难以与他人进行正常的交流和沟通。

随着青少年的年龄增长，有的青少年朋友在心理开始产生各种各样的思想烦恼。然而，羞怯就是主要原因之一。青少年产生羞怯心理的具体原因如下：

1. 家庭环境的影响。据有关人士调查，大多数有羞怯心理的青少年。因自己父母就存在羞怯情绪，有时，在别人面前说话或办事表现得毫无自信。另外，父母经常打骂或责备青少年，可导致青少年缺乏交流和亲情，还会使青少年自己认为比别人低人一等，由此产生羞怯自卑的心理。

2. 有的青少年特别害怕别人的亲近，对别人不信任、多疑，担心接触多了被别人知道自己的内心世界。

3. 有时是学校环境导致的。青少年在成长过程中，学校是一个重要的成长因素。因为学习成绩的落后，往往会受老师和同学的批评或责备，时间长了就形成害怕、羞怯的情绪，总觉得自己比别人差，不敢与他人交往，用退缩或逃避的方式来保护自己受伤的心灵。

4. 对现在激烈竞争的社会环境不适应，缺乏特殊的社交技巧，无法进入社交氛围，从而产生羞怯的心理。

5. 有的青少年缺乏自信心。总怀疑自己各方面的能力都不如别人，在和别人交往时就会羞怯，而不敢和别人交往。

解开心结→

青少年如何克服羞怯心理？

1. 提高自信心。青少年羞怯的根源是他们看不到自己的优点和长处，总认为自己无知无能，害怕不能给别人留下好印象。其实，现实生活中，每个人都有自己的优点和缺点。你善于发现自己的特长，并给以赏识和肯定，才能提高自己的自信心，战胜羞怯的心理。

2. 挖掘个人的特长。当你在某个领域中成为最优秀的人的时候，你自然而然就会有抬头看人、与人交往的自信。有很多青少年正是因为孤陋寡闻、平庸无能，造成与别人没有话可说，并且对自己的成就也不欣赏。青少年可以利用自己的一技之长而增加自信心，从而结交更多的朋友战胜羞怯心理。

在这个世界上有很多著名人物都曾有过羞怯心理，如美国前任总统卡特及他的夫人、英国的王子查尔斯、著名的女影星奥黛丽·赫本等都曾坦率地承认自己曾经是一个十分怕羞的人。可是，经过他们有意识的磨练，最终克服了羞怯心理，取得了令人瞩目的成就。所以，有羞怯心理的青少年，只要你有坚定的信念，用持之以恒的态度，就能战胜羞怯心理。

8. 为什么不屑与人为友

你的困惑：同学们都说我很“拽”，都叫我“冷血动物”、“冷杀手”，原因是我平时对任何人任何事的态度都很冷淡。仔细想想，自己真的是对朋友从不关心，对于家人毫不体贴，而这一切，我觉得并没有什么不妥……

我来为你疏导：

心灵故事之→

公交车站台上，一个老乞丐向一个青少年伸出了枯黄瘦骨的手，青少年抬眼看了一眼，眼神像是在看一只路过的毫不相干的蚂蚁一样。继续看着公车来的方向。

老乞丐的手仍然没有缩回去的意思，他请求青少年可怜可怜自己，给自己一点施舍，青少年的眼神如死灰一般。

好不容易，公交车来了。正当青少年欲上车时，听到有人跟他打招呼：“嘿！亮。”

青少年扭头看了看，一个骑摩托车的少年对他笑笑说：“上来吧，我载你回去。”青少年摇摇头，转身便上了公交车。只留下了仍然伸着手的老乞丐和骑着摩托车的少年。

众人的目光下，摩托少年有些尴尬，随即一笑说：“这家伙，总是让人冷得发抖！”

透视心灵深处→

有关研究者深入青少年中进行了一项心理调查，结果发现：很多青少年对家人的情感很冷淡，不予理会，在他们看来家人的关怀都是理所当然的。此外，他们对于同学很排斥，不是自卑，也不是自闭，就是不屑于与别人交往。

冷漠指的是对他人冷淡漠然的消极心态。在现在这个开放式的经济社会中，这一代青少年没有了封闭的苦闷。但大多数独生子女在特殊背景中令他们享尽了家庭的宠爱，在很少受挫折的成长背景中使他们产生了消极的冷漠心态。

目前，青少年存在着比较普遍的一种心理冷漠化的现象。主要表现是对别人怀有戒备心理、甚至有敌对情绪，有这种现象的青少年他们从不与别人主动交流思想感情，对别人的不幸还冷眼旁观、无动于衷，没有同情心。

冷漠属于一般的心理问题，它是情感反应的自我控制；通常因为受人欺骗或遭人暗算所受到的心灵创伤。正因为这些原因使有冷漠心理的青少年逐渐失去了热情、集体主义精神，使之冷漠、自私、不团结友爱等。

冷漠的表现并不是在任何场合下都会产生的，它一般是指青少年在不和谐的群体或陌生的环境中出现。在这种场合下进行人际交往，就会显示出对人对事漠不关心的态度，觉得一切都与自己无关。

青少年产生冷漠的心理主要是来自家庭、社会、学校、学生自身四个方面。具体原因如下：

1. 来自家庭的原因

有些家庭，由于夫妻之间无话可说、互不关心变得十分冷漠，使孩子在家里得不到温暖，形成了冷漠；另一原因就是现在的青少年由于是父母的宠儿，在家都是“小皇帝”或“小公主”。由于不管他们提出什么要求父母都满足他，形成性格傲慢、自大，在人际交往过程中与人难以沟通，从而和伙伴之间产生了隔阂和冷漠。

有些父母望子成龙心切，从不顾虑孩子的意见和想法，从小就给孩子制定了多种学习计划，逼子成龙。还有一些父母直言不讳地说："现在的社会流行的就是能挣会花，讲实力、竞争意识强，教孩子'孔融让梨'的时代已经一去不复返了"。这种不健康的指教只会使青少年产生孤僻、冷漠等不良的心理现象。

2. 来自社会方面的原因

由于我国市场经济体制转型过程中的种种因素，导致社会规范出现一些断层和盲区，个别盲目自利的人生观，已使一些人不再有真诚的感动，不再有奉献的情怀，不再想理解自己、理解他人，国家意识、集体意识和互助精神、奉献精神的削弱在一些人身上不时体现，甚至出现诸如坑蒙拐骗、欺诈赖账等违法败德行为。比如：在马路上，有个人被汽车撞了，而那辆车又逃跑了，后面好心的司机看见了连忙施救，被撞的人给自己的亲人反说是救他的车撞的，导致这位好心的司机脱不了干系。由于大人们的冷漠也在一定程度上促使青少年产生冷漠心理，从此，遇到此类事时也只是做个路边的观看者。

3. 来自学校方面的原因

随着素质教育的投入，青少年在德、智、体、美等方面的教育有了很大的提高。但是德育的教育质量降低了，使师生之间的冷漠及不当的教育方式让青少年变得冷漠。有时候两个学生之间产生了矛盾，向老师诉说后，老师因有事或其他原因没有及时处理，这就容易让学生误认为老师冷漠而产生冷漠；有时候因某位学生生病了或不慎摔伤，其他同学看见了却不闻不问或不救助，也容易让学生产生冷漠心理等等。

4. 来自青少年自身的原因

有的青少年有自闭的心理。这种类型的青少年整天只知道埋头学习，从来不重视与集体和他人的交往。有严密设防心理，由于害怕受伤从不与别人交往。

有的青少年对自己的期望过高、好高骛远，因此产生了理想与现实的矛盾，心中产生不满或失望的情绪。由此产生了对人对事的冷漠心理。

解开心结→

这种冷漠的消极情绪青少年如何克服呢？

1. 从日常生活中做起

这是克服青少年冷漠心理的必要条件。例如，父母总是把好吃的东西留给青少年，不好吃的给大人，家长认为这是理所当然，青少年也欣然接受。时间长了，青少年就会有一种“不谦让，不为别人着想”的坏习惯，随着青少年的年龄增长，自私、霸道等不良行为都突出表现出来了。

所以，青少年应当学会从自己身上找原因，学会在日常生活中发现父母的爱，培养自己回报父母的心，激发自身的感激意识对于青少年的健康成长十分重要。

2. 激发积极情感

具有冷漠心理的青少年最怕别人知道自己心中的隐痛了。一旦有人提到或触及类似问题，会非常敏感。克服这种不良心理，首先要做到自我肯定，也就是自信。多想一些自己的优点，在学习、生活中培养自己的自信心，相信很快就可以走出冷漠心理。

9. 为什么因失败而一蹶不振

你的困惑：一次失败让我对自己失望透顶，同时我也发现了自己是一个极易产生失望感的人，并且一旦对某人或某事失望，我就会长期处于悲观消极的情绪中，无法解脱出来。

我来为你疏导：

心灵故事之→

乔阳在小学时他的各门功课一直都很优秀。刚踏入初中时他的成绩也是名列前茅。但是，到了初二上学期，在期末考试中他的数学成绩才得了 *75* 分，这对他来说是很大的打击，因为数学是他的强项，以前的考试他从没有低于 *90* 分。自这次期末考试后，他就像变了一个人似的。乐于助人、热情开朗的他整天忧虑重重、闷闷不乐，总感觉周围的同学在嘲笑他、看不起他，好几次同学叫他一起去看电影、打篮球可他都拒绝了，而且时不时的还发脾气，就这样持续了一年之久，仍然没有从悲观失望中走出来。

透视心灵深处→

有成功就有失败。然而，成功可以给我们带来喜悦的心情，失败则会让我们感到失望、懊恼。这些事情在生活中都是很常见的，有的青少年看到成功就兴奋，遇到失败就沮丧，甚至被失败彻底打倒，长久的沉浸在失望的情绪中，不能自拔。

心理学家认为，失望的心理简直就像普通的感冒一样，这种心理几乎每个人都有过。差别就在于有的人很快就能摆脱失望，而有的人却被失望长期羁绊着。其实感冒并不可怕，失望也是如此，只要你尽快治疗、尽快做自我调节，很快就能从失败的阴影里走出来。进而精力充沛地工作、学习。

著名的发明家爱迪生说：“失败也是我需要的，它和成功对我一样有价值。”失败对于有志者来说，往往是动力的来源。面临失败我们不要悲观失望，而是要在失败中崛起，找出失败的原因并寻求进取之策，做到不达目标不罢休。

每位青少年都具有积极向上的进取之心，这与他们强烈的求知欲、自尊心和好胜心是密不可分的。但由于他们没有过多的经验，思考问题时也并不周密，往往带着浓厚的情感色彩去看待周围的人和事，然而，有时还片面地坚持己见，对老师或集体的要求，合乎己意的就去做，不合己意的就盲目地拒绝。他们不能很好地控制自己，总是凭着自己的冲动去做事，如果事情成功了就会为此沾沾自喜，如果事情没有做好或者失败了，他们就会悲观、失望、懊恼、后悔，从此一蹶不振。这一切说明了他们意志和品质的发展还不成熟，缺乏自制力和自控制能力，所以，摆脱不了失望的困惑。

其实，人生在世不如意的事十有八九。青少年在生活和学习中遇到挫折时都会感到有一种失落感，有些青少年会产生放弃学习的念头。在这个时候就需要我们认真思考一下了，在这反复挣扎的过程中，我们应该怎样面对失败和挫折呢？有这样一句话：蜘蛛不会因为一次网破而不再吐丝，蛹也不会因为要面对破茧的痛苦而甘于死在茧内。所以，青少年在遇到挫折和失败时，不要一蹶不振、悲观失望。此时，我们应该像蜘蛛那样保持积极向上的精神，像蛹那样不屈服于困难和失败，相信自己终有一天会走向成功。只要我们坚持不懈，不屈不挠，只要我们肯为目标而努力奋斗！就一定会摆脱失望，就一定会走向成功。

安徒生如果当时不勇于面对挫折，不为理想而努力奋斗，最终他会写出意义深刻的童话故事吗？会成为举世闻名的童话作家吗？不会的。在面对耳聋、感情等多方面挫折的音乐家贝多芬，他退缩了吗？没有，因为这些挫折和困难，使他变得更加勇敢，更加自信地去寻找人生的音乐。正因为如此，他才成为了世界著名的音乐家。所以，成功是需要我们在失败的时候勇于面对、积极向上、锲而不舍、不畏困苦、笑对失败的。这样，成功就会离我们越来越近。

解开心结→

那么，青少年应如何摆脱失望的心理呢？

1. 确定自己的奋斗目标。目标对于每个青少年来说都非常重要。然而，确定自己的目标时要根据自身条件和客观情况来规划，切记目标不要过高，否则可能会带来负面影响。如你的数学成绩很一般，可你却期盼在数学竞赛中能拿第一，其结果难免失望。如果你的外语成绩一直不好，而你却想很快当上外文翻译家，那岂不自寻失望吗？在现实中，如果你的实际能力与期望不相符，那就是期望越高，失望就越沉重。我们在定目标时要根据自己的实际能力来确定，这样就能减少失望的情绪。

2. 要经得起困难和挫折。在这个世界上，没有事事顺心的，也没有一个人在一生只有幸运而没有困难。那些成功的人，往往都是在历经艰难、百折不挠、坚持不懈，在一次次的失败中走向成功的，他们会在每次失望中重新树立自己的信心和动力。就像爱迪生一样，在研制灯泡的试验中经历了一万次失败才取得了成功。倘若当时爱迪生知难而退，那么，他就不可能发明电灯了。这说明要克服失望的情绪就必须要经得起挫折和困难的考验。

3. 要时刻充满希望。学习、生活、创业是一个复杂而漫长的过程，也是一个连续不断的过程。有些青少年的失望，恰恰是把所有希望都割断了。如果我们把读书和学习看成一个循序渐进、连续奋斗的过程时，那么，对成功和失败的看法也就截然不同了。所以，青少年要时刻充满希望，把握以后的每次机会，摆脱失败，走向成功。

4. 正确地接受批评。青少年当你受到批评时，不要为此感到失望、不平和愤怒。此时，你应该吸取教训，把所有的精力用来研制一项明确的计划，用来正确自我评价并重新起步。不要把时间和精力浪费在抱怨上，应该积极向上，为自己的下一个目标而努力奋斗。

5. 正确对待失望。青少年要认清在人生的道路上失望是不可避免的，不要因此而逃避。其实，期望不只是一个点，它还具有线和面。这样的好处是一旦遇到难遂人愿的情况时，我们就有思想准备放弃原来的想法，追求新的目标。比如你去剧场听音乐会，你原先以为自己喜爱的歌唱家会参加演出，不料他却因病不能演出，你当时可能会感到失望。可是这时如果你将期望的目光投向其他歌手时，你就会抛弃失望的情绪，慢慢地沉浸在音乐的旋律中。内心会充满喜悦。

在生活中失望多了，人们就会感到有挫折感，觉得事事都不顺利，青少年应当充满希望而不是充满失望。不要因一时的失败和挫折而长吁短叹，不要因路途坎坷而灰心丧气，不要因眼前的困难意志消沉，落泪和沮丧不是我们所需要的，只有努力拼搏的火花才能摆脱失望、才能燃起希望之光。

第二节　解开情绪之结

1. 为什么强迫症成为“多事佬”

你的困惑：不论是学校里的人还是家里的人总说我管得太多了，我总是会强迫自己去做一些事情以达到自己的心理需求，如卫生方面、行为方面。不仅如此，当别人的行为没有达到我的要求时，我就会心浮气躁，难以安静下来，我会让他们按照我的话来做，而结果可想而知了……

我来为你疏导：

心灵故事之→

张丰是班里的班长，平时的学习生活中，他不仅要求自己的学习要尽善尽美，还常常要求班里的同学严格配合他的管理工作。

班里有五个班干部，文艺委员、生活委员、体育委员、学习委员各有其人，但张丰却总是样样都想管，不论哪方面，只要是班中的事，不论大小，他都要一一过问。

一次，班中有一个学生的英文作业没有交，他觉得这个同学严重影响了班级的荣誉，于是面对面看守着那个同学把作业做完，亲手交给了老师，他这才算是放下了心。

每次到了周末，他就会给同学打电话询问作业做得怎么样了，周一上课前一定要交的。次数多了，同学们都不愿意接他的电话，张丰就会因此而感到缺少些什么，晚上也难以入睡。

透视心灵深处→

出门后总是怀疑是否关好门窗、防盗门是否锁好，于是返回再检查一番；刚刚整理好的手提包又觉得东西没带齐；外出看到小狗，觉得自己好像感染了狗身上的病菌，回家后一遍又一遍的洗手，还强迫家人去洗；下班后不能确定保险箱关好没，必须赶回去看到保险箱关上后才能安静下来；一些事情总是不由自主地在脑海里反复出现……

在日常生活中，这些现象对于很多人来说都是曾有过的感受和经历，被心理学家称为强迫心理，即强迫症。据有关专家指出，强迫症已成为严重影响人们生活质量的四大精神障碍之一，必须受到人们及社会的关注。

心理学家认为，强迫症是一种以强迫观念和强迫动作为主要表现的神经症，强迫症的症状特点就是自我强迫，而病人却无法控制。愈是企图努力抵制，反愈感到紧张和痛苦。随着社会的竞争日趋激烈，高度紧张的工作生活节奏和过度的压力导致具有强迫心理的人越来越多，也导致强迫症发病率不断上升，而且年龄越来越小，其中青少年患病率也在不断扩大。

导致强迫症的原因

有关专家指出强迫症主要与遗传因素、心理社会因素、心理素质因素有关。

1. 遗传因素。据调查表明，患有强迫症的病人的亲属中，同病患

率或焦虑障碍的发病危险率高于一般居民，患病率为5% ~7%。

2．心理素质。强迫症患者多有强迫性人格或精神衰弱的现象，他们多谨慎过度、少言寡语、办事一丝不苟，要求十全十美却又刻板固执、墨守成规以及缺乏自信等。他们注重细节，办任何事都力求准确完善，但从来都达不到自己的要求，胆小怕事害怕自己做不好而出现过分的紧张和恐惧等，导致大脑出现一时性或局部性的功能障碍。其中相当多的都是因为对完美主义的偏执追求，使自己走进强迫症的精神陷阱。

3．社会心理因素。研究人员发现，人在强烈情感体验影响下，大脑皮质兴奋或抑制过程过度紧张或相互冲突形成孤立的病理惰性兴奋灶，是强迫观念的病理生理基础。所以当身体出现病症或长时间情绪不稳定，或由于工作、生活环境的变迁，亲人丧亡，遭受迫害、受到惊吓等，都会诱发神经症的发生出现强迫症。

4．压力过大。现代青少年可能有来自于家庭、学校以及自身的一些压力，长期积压在心中而无法及时的发泄，所以就会使内心脆弱、急躁、自制能力差或具有完美主义人格的人产生强迫心理，从而引发强迫症。目前，强迫症在青少年中的患发比例还较小，年轻的白领阶层发病率越来越高。

解开心结→

日常生活中，任何人都不可能一帆风顺，多多少少都会遇到一些挫折和困难。正常情况下，人们都会在头脑里不断的想解决问题的方法，特别是面临重大选择的时候，人们想的时间就会更长，如果一旦问题得到解决，强迫感就自然消失，也就是说，强迫症是可以治愈的。

那么，怎么使强迫症消失呢？

1. 摆正心态，平复情绪

对于强迫症的治疗主要是心理治疗。其实，强迫症并不可怕，关键在于患者能否勇敢理智地面对它、战胜它。

患有强迫症的人，脑海中总是反复出现某些念头、幻象、情绪、冲动、意图。这些思想打乱了正常的思想过程和情绪活动，即使自己知道这样不行，可却无法克服，心理很是难受，终归难以驱除焦虑、紧张和不安的情绪。试想，如果自己的情绪平静，即使反复的思考某个问题，也不会感到难受。所以不管遇到什么事，顺其自然就行，特别是完美主义人格者，要学会肯定自己，少与他人攀比，不要将症状视为大敌，而要接受症状，摆正心态。

2. 压力宣泄

强迫症是一种神经症障碍，精神因素是强迫症的主要发病诱因，所以有了紧张恐惧应及时宣泄。平时多和朋友聊天，对家人和朋友说出心理创伤和紧张恐惧心理，把内心的痛苦发泄出来。

3. 转移注意力

一旦自己感到有强迫意识，要赶快将注意力转移，即使是几分钟也行。比如去做自己感兴趣的事，如散步、运动、听音乐、玩篮球、读书、上网等；也可以学习有关强迫症的知识，尽可能地把时间安排得紧凑，使自己没有时间去实施被强迫的事，减轻强迫心理的干扰。记住，千万不可使自己陷入习惯性的思考，时刻告诫自己要做有意义的事。

如果强迫症过于严重，就要及时就医，适当配合服用诸如安定、利眠宁和小剂量的药物以消除紧张感。其中，抗焦虑药可减轻焦虑，有助于心理治疗与行为治疗的进行，抗抑郁药可有效治疗本症。尽管一些药物能缓解强迫症，但科学家一直没有探明该病背后的深层病因。最重要的还是心态要放平，不可过于强求。

2. 为什么难以控制心理焦虑

你的困惑：随着年龄的增长，我的心理问题也随之不断的涌现了出来。我常常会感到莫名的紧张，内心惶恐不安，易烦易燥，还会失眠，我不想这样，却又无法摆脱，我该怎么办呢？

我来为你疏导：

心灵故事之→

韩若是一名从各方面来讲都非常优秀的高中生，但在面临人生的转折点——高考时，她突然不会说话了。

这件事让韩若的家人及的朋友都很是惊讶，*18* 岁的小若十几年来一直生活在一个贫困的家庭中，父母没有稳定的工作，艰难地支撑着这个家并负担着三个女儿的学费。小若在这样的环境中成长，所以学习一直很勤奋，成绩也一直名列前茅。从上高中她给自己定下了目标——一定要考上清华大学。因为在她看来，想要减轻家里的负担，就必须有一份好工作，要想有一份好的工作就只有考上清华大学。期盼已久的高考已临近，可她并没有兴奋的感觉。

“如果考试失利怎么办？爸妈失望不说，就连转变家庭命运的愿望也无法实现了。”这可怕的想法一直缠缚着她的大脑，在这样的“自我加压”下，她的近几次模拟考试成绩都很不理想，导致她的思想压力越来越重。在这样的恶性循环下，逐渐出现了烦躁、紧张不安、失眠等人们常说的高考综合征，以至于最终发展到最严重的地步——失语。

透视心灵深处→

对于青少年来说，学习成绩的好坏直接影响到今后的升学和前途，当今社会各行各业竞争激烈给他们造成巨大的心理压力。有调查显示，78%的青少年都存在着“学习压力太大”和“学习成绩不好”的心理焦虑。像小若这样自尊心和进取心都很强的青少年会有很高的自我要求，适当的自我施压可以促进青少年的成长，但如果这些心理压力没有及时得到疏导，就会越积越厚，严重时会使其因为学习压力而走入心理困境无法走出。

在高考和中考前，有些班级会设立这样的倒计时牌：“距高（中）考还有30天”等等，当内心敏感的青少年学生每每看到，就会心里焦躁。因为对于一些心理脆弱、调节能力差的学生来说，这个倒计时牌无疑是极具刺激性的，也是可能引发青少年心理焦虑的导火索。

焦虑是一种心理状态而不是一种情绪，已被列入心理疾病的行列。在这个充满不确定因素、浮躁涌动的时代，使人们很容易生活在焦虑当中。

这种病症以青少年居多，其中以女孩最为多见。这类青少年常常因学习成绩差，对陌生环境反应敏感而紧张不安，甚至惶恐不安，敏感多虑。对老师的批评，同学的看法异常敏感，常常担心被别人嘲笑。过分地关注尚未发生的情况，并会因此毫无根据变得烦躁。这类青少年突出的表现是焦虑程度过高，经常处于过度担忧、害怕的状态，对日常一些微不足道的小事，也显得过分焦虑。

心理焦虑的症状是内在的症状，外显性不强，焦虑使人长期处于烦躁、急切、提心吊胆、紧张不安的心境，让人感到似乎就要大难临头或危险迫在眉睫，但实际上并不存在什么危险或威胁，却不知道为什么如此不安。当焦虑症发作时，其表现为过度烦躁、焦虑不安、睡眠不好、做噩梦、讲梦话、食欲不振、心跳、气促、出汗、尿频、头痛等植物神经功能失调的症状。心理焦虑会对青少年的日常生活及成长产生严重的影响。心理焦虑的青少年可能会不断的担心自己的学习成绩，尤其是在各种考试之前，便会异常的紧张，寝食不安，精神不振。焦虑的特点是没有明确对象和具体内容的恐惧。

心理焦虑的人就像一个放哨站岗的士兵，每时每刻对周围环境的每个细微动静都充满警惕。由于他们无时无刻不处在警惕状态，影响了他们的学习与生活，甚至影响他们的睡眠。

心理焦虑症与先天素质和后天环境因素有密切关系。这类心理疾病有敏感、自信心不足、自尊心又很强的性格特点，容易紧张，多虑，少言寡语。但这些症状很容易让人忽视，认为这只是心情不好，或是青春期性格在发生变化而已，其实不然。造成心理焦虑症的重要原因有：

第一，家长对青少年的过于苛求，一心“望子成龙”，却从不去考虑这些要求是否会对青少年的成长造成影响，家长的施压与权威，让青少年整天处于紧张状态，久而久之，便导致了青少年心理过分焦虑而影响生活。

第二，家长对青少年的过于溺爱，如果家长对青少年过于宠爱，对其百依百顺，这样就会使青少年不能正确地认识自己。一旦脱离家庭，在社会上或学校里碰到一些不顺心的事时，就容易发生过度焦虑。

第三，老师的教育方法不当，现在式的教学过度地追求“高分数”、“高升学率”，对学生进行“题海战术”等，教育内容过多，采用“填鸭式”的教学方法，使青少年学生负担太重，接受不了，也易形成过度焦虑反应。

解开心结→

有人曾对一所普通高中高三的学生做了心理状况的调查，结果发现，大约有 *1/2* 的学生在不同程度上存在着心理问题，而心理焦虑问题最为突出。这些学生主要是为为明天的出路而焦虑，为能否升上重点大学而焦虑，但表现形式大同小异，都是感到焦虑不安、精神紧张、恐慌、郁闷及无所适从。

短时期的焦虑，对身心、生活、工作无甚妨碍；长时间的焦虑，能使人面容憔悴，体重下降，甚至诱发疾病，给身心健康带来影响。

青少年正处于心理成熟的发展期，是心理调节的不稳定期，也是人一生中焦虑反应发生的高峰期之一，故而青少年焦虑反应发生率高不足为奇。但对此不可掉以轻心，因为如果不能及时调理，焦虑反应持续下去其危害很大，可逐渐发展成为神经衰弱，对日后身心健康影响颇大。所以，帮助青少年远离心理焦虑问题刻不容缓：

首先，要增加自信心。自信是治愈神经性焦虑的必要前提。大部分的青少年是由于对自己没有信心，对自己完成和应付事物的能力有怀疑，从而夸大自己失败的可能性，导致了忧虑、紧张和恐慌。所以，要远离心理焦虑，第一步就是减少自卑感。应该相信自己，每增加一次自信，焦虑程度就会降低一点，恢复自信，也就是最终驱逐焦虑。

其次，学会自我放松，自我解压。也就是学会从紧张情绪中解脱出来。当情绪紧张时不妨深吸一口气，再想象着把压力或缠绕你思想的不良情绪缓缓呼出。事情都有两面性，尝试着多去想想好的一面。

逐渐将阴暗的情绪赶出大脑。

再次，自我反省。有些青少年是由于对某些情绪体验或欲望进行压抑，压抑到无意中去了，但它并没有消失，仍潜伏于无意识中，因此便产生了病症。所以，只会莫名的感到焦虑不安和痛苦，却找不到原因。因此在这种情况下，就需要进行自我反省，把潜意识中引起痛苦的事情诉说出来。必要时可以以不伤人伤己的方式发泄一番，发泄后焦虑一般可消失。

最后，可以适当地进行自我刺激。心理焦虑一般都是脑中总是胡思乱想，坐立不安，百思不得其解，痛苦异常。这个时候采用自我刺激法，转移自己的注意力。比如在胡思乱想时，做一些自己喜欢做的事，看富有逻辑性的侦探小说，或从事紧张的体力劳动，从而忘却痛苦的事情。这样就可以防止胡思乱想产生不良情绪，同时也可增强适应能力。

3. 为什么消极思想夺走了勇气

你的困惑：同学们都说“我就是这样，改不了了。”、“我无能为力。”、“我不得不如此。”、“我就是学不会！”、“办不到，我没有时间。”这些是我的口头禅。后来我发现，我的确爱把类似于这些消极的话语挂嘴边，所以我很不快乐……

我来为你疏导：

心灵故事之→

故事之（1）

小丹今年上高中了，升入高中后由于教师的教学方法发生了变化，竞争对手也发生了变化，使她感到十分不适应，导致学习成绩下降，从初中时的全年级前几名落至高中的 *141* 名。这是她长这么大以来，第一次感觉自己这么的无能。每当想起父母的殷切的期望，看到他们的目光，就让她觉得非常难过，不知如何做才能达到父母的要求。如今，苦闷、烦恼、忧愁、气愤充满头脑，看见书就又恨又怕，真想把它扔出去。成绩更是一落千丈。

故事之（2）

一次，有一个小孩子和家人玩纸牌游戏，连续几次都拿了很差的牌，因此连输几局。他开始不高兴了，不断地抱怨，没有好牌，赢不上一局。他母亲看着他的牌，正色对他说：“如果你真要玩，真想赢，就必须用手中的牌玩下去，不管那些牌有多好或有多坏！人生也是这样，就像牌局永远是偶然的结果，但是不管你的运气有多差，牌有多差，你都得无条件的接受，你能做的就是要尽全力的把握每一把牌，将它打到最好。”后来，小男孩谨记母亲的教诲，一步一步地成为少校、中校、上校、少将、盟军统帅。这小孩子就是艾森豪威尔，美国历史上第三十四位总统。

透视心灵深处→

在生活或者工作、学习当中，每个人都会遇到类似的体验：那就是对一切都漠不关心，凡事都提不起兴趣，遇到事情时总认为自己肯定做不好因而也懒得去做。这是所有的人共同的弱点，遇到困难的时候，退缩不前，或者容易在这时接纳他人哪怕有意无意的消极影响。这种心境在心理学上称为消极心态，是与积极心态相反的一种情绪，它是时时干扰我们工作和学习的一种心态。轻易接受消极影响的这种弱点的破坏性极大，因为多数人不知道这种弱点像敌对阵营中钻入了对方的内奸一样，他会想方设法阻挠破坏你积极的一面，使人心情特别压抑，情绪低落，会使人丧失斗志，放弃理想；消极心态严重的人往往不愉快，情绪不稳定，对身心造成损害，易患多种疾病。

消极情绪包括：忧愁、悲伤、愤怒、紧张、焦虑、痛苦、恐惧、憎恨等。消极情绪的产生是因人因时因事而异的，主要有以下几点：

害怕失败。失败是每个人成长过程中的必修课，所有人都遭受过无数的挫折，因此，这种失败的恐惧感就一直潜藏在我们的身体里面，随时威胁着我们。久而久之，就会造成内心的胆怯和懦弱，从而产生消极的想象力和预期的失败感。

自我认识的错误。每个人都对自身有一个印象和评价，这就是自我认识。这种认识在他们的一生当中是非常重要的，它是决定自己行为方式的重要因素。一个人之所以这样做而不那样做，是因为他认为，他这样做更符合他的“我观”，即更符合他的身份、年龄、性别、品德、能力等等。对青少年而言，如果他觉得自己是优等生，他就会为此而努力，尽量避免其他的干扰因素，而如果他认为自己智力不好，他就会有意无意地原谅、纵容自己成绩差、无能，他的行为目标，可能仅仅是不做白痴，那么最终的结果也就是丧失对自己的信心，使假想心理成真。

做事经常半途而废。在遇到困难的时候，首先想到的就是挫折可能带来的种种伤害。“害怕”是因为对自己没有把握，自认为能力不够，自信不足，同时，总是看到事物消极的一面，因而显得胆小，脆弱、忧虑、犹豫、找借口。在这样心态的影响下，这种“害怕”就会与日俱增，心理的承受能力会越来越低，于是，轻易就会被困难吓倒，造成推卸责任，消极被动。

解开心结→

那么，怎样战胜消极心理呢？

1. 永远不对自己说“我不行”

在生活和学习的过程中，要学会经常对自己说“我能行”。只有在比较中发现自己的长处，才能找到肯定自己的支撑点，才能树立信心。任何人都有长处，同时也有短处，例如理科成绩比较好的同学，文科成绩不一定突出；做难题高明的同学，容易的题目的正确率不一定高。总之，只有学会在比较中挖掘自己的长处与优势，才能对自己充满信心，走出消极的困扰。

2. 注意力转移法

当青少年遇到严重的挫折或伤害时，往往会产生愤怒、恐惧、焦虑等强烈的情绪反应，在这种状态下，最容易一时冲动，做出违反情理的事，这时要理智地控制自己。将注意力转移到较感兴趣的活动和话题中去。多回忆自己感到最幸福、最愉快的事，以此来冲淡或忘却烦恼，以此来缓解不良情绪的影响，从而逐渐达到心理的平衡。其次可以自觉地改换环境。如外出散步、旅游参观，调换居住地点等。这样可以冲淡消极情绪的影响。

3. 寻找适当的宣泄方法

当心中有烦恼、不痛快、伤心的事时，不要闷在心里而要找有关的人、自己的朋友或亲人倾诉。即使他们不一定找得出好的解决办法，自己说出来也是一种释放，于身心有益。长期强制压抑情绪，会使内心的体验变得更加强烈，有可能导致心理疾病。当你遭到突如其来的灾祸，精神受到打击心里不能承受时，可以在适当的场合放声大哭。这也是一种积极有效的排遣紧张、烦恼、郁闷、痛苦情绪的方法。只有情绪发泄出来，精神才可以得到放松，消极情绪才能逐渐消除。

4. 对自己有一个客观的评价

遇到挫折，应先从自己的主观方面去寻找原因。坚信“人无完人”，每个人都有长短处，只要积极有为，扬长补短，“长风破浪”就会“有时”；不要担心不如别人，要接受自己，确立一种自强、自信、自立的心态，不要让自卑情绪成为你的主宰。需要注意的是，在与别人进行比较的时候，要知己知比，有其可比性。例如：相比的两人能力、知识、技能、投入是否一样，否则就无法去比。有了这一条，人的心理失衡现象就会大大降低，也就不会产生那些心神不宁、无所适从的感觉。否则，将会产生消极的自我否定心理，大大影响做事的积极性。

5. 随时调整自己的目标

在某些情况下，虽经努力也难以达到目标，很容易陷入一种困扰、迷茫的心境之中，这时要客观地分析情况，对自己预期的目标进行调整、修改，使它更切合实际，这样就容易获得成功，摆脱受挫的心境。只有对自己的目标随时做出调整，使其符合自己的能力范围，才能获得相应的成就，产生自信心。当然，有时候挫折也是难免的，青少年朋友们要学会在生活的挫折中吸取经验，反复磨练，提高自己的挫折耐受力。

6. 正确的对待失败，战胜失败机制

失败机制是个不断自我加强消极症状的系统，它能瓦解我们潜在的积极乐观的本能。失败机制包括挫败感、攻击性、不安全感、孤独感、不确定感、愤怒感、空虚感等等，这些看似小的心理，却常常是导致人生挫折的罪魁祸首。所以，要想开启快乐生活之门，就必须战胜他们。你可以尝试新事物，在尝试的时候，必然会被失误困扰，不要拒绝错误，轻松地承认错误，但是要藐视错误，宽容自己一如宽容你的朋友一样，否则就会扼杀你的尝试。在不断的失败与努力中，开发自己的潜能，不断的自我完善，恢复自我的本来面目。

7. 适当的放松自己

当你受某道题困扰，当你对自己的能力产生怀疑时，不妨停下所做的事，做一个深呼吸，然后休息一会。如果可以，改变一下环境。还可以做一些放松的练习，这样可以让积极的思想代替消极思想。用宽松的环境来调适一下自己紧张的心情，以恢复身体的各种功能，但这种调适必须是健康有益的，否则就会适得其反。比如，来一次散步或者远足，读一本好看的书，听你喜爱的音乐。做一些把自己的注意力从思考中解放出来的事情。放松要适可而止，要有度。

4. 为什么心理如此脆弱

你的困惑：我们学校有一名女同学自杀了，她是因为告白遭到拒绝而服毒自杀了。前不久有一位优等生因为高考落榜而在学校的大楼上跳楼身亡，现在又出现这样的情况，我真的无法理解，他们为什么会选择这样极端的方式去解决问题？他们的心理为什么如此脆弱呢？

我来为你疏导：

心灵故事之→

故事之（1）

这是一个年仅15岁的学生，名叫乐乐。他平时的学习受到老师的好评，性格比较内向，但并不自闭。但是就在一个风和日丽的上午，他服毒自杀了。

在得知乐乐自杀的原因后大家都很吃惊，他自杀的原因很简单：在课间活动的时候，沉浸在节日喜悦中的乐乐因为没有完成作业，受到年轻的班主任老师李可的严厉批评。李老师把他的作业本撕毁，扔到他的脸上，让他“滚蛋回家”。乐乐听后非常气愤，转身就朝家中跑去，在外工作的父母下班回来后，发现了已告别自己花样年华的乐乐的冰冷尸体……

故事之（2）

十六岁正是一个花样的年华，正值花季的小晓却在家中吃药自杀了。

小晓生前曾是父母和老师的骄傲，她不仅学生优异，而且能说一口流利的英语，平时喜欢摆弄吉他，弹唱流行歌曲，经常参加学校的演讲比赛及歌唱比赛。有一天，她找妈妈给她买一张唱片，是小晓最崇拜的偶像刚出的新专辑。但是妈妈却以“快要升学考试了”为由拒绝给她买唱片。为此，小晓很是生气，便和妈妈进入冷战。几天过后，小晓的妈妈在数次遭到小晓的冷脸及冷言冷语相待后，终于忍不住大发脾气：“那个破明星有什么好的，就为一个见都没见过的人你摆脸给谁看哪，一个学生不好好学习，每天就知道追星，看你以后也不会有什么出息，干脆不要上学了，回来让你一次追个够！”

小晓把自己关在房间里眼泪流个不停，她不明白平时对自己有求必应的妈妈为什么会变成这样。最终她选择了喝下大量的安眠药来结束自己的生命。

透视心灵深处→

此类案例在当今社会并不少见，造成这种结果的正是因为他们的

心理太脆弱，承受能力太差。以至于乐乐在受到老师的批评后选择服毒来结束痛楚，而小萍也选择相同的路。面对青少年人群中不断出现的新问题，除了加强家庭和学校教育，帮青少年树立起一个正确而积极的人生目标，注重培养他们形成顽强而坚韧的性格外，青少年也应正确地对待学习和生活中出现的压力，以达到及时消除心理障碍，避免更多的悲剧发生。

现代青少年中不断涌现出一些让我们始料未及的新问题，当前中学生心理脆弱、承受能力差的现象较为普遍，而造成这种现象的原因主要有以下几种：

一、心理压力过大

青少年的心理压力主要来自于家庭方面。现在的学生很大一部分都是独生子女，作为家里的“独苗”，父母给的爱多，期望也更多。有一些家长溺爱子女，使他们缺乏锻炼，独立解决问题的能力较差，面对挫折的承受能力也降低了。来自家庭原因包括两种情况：一种是家庭不关注孩子青春期的教育，把孩子完全交给学校，子女缺乏来自父母的关爱，生活中面临的具体问题也得不到父母的指导，易走极端。比如打工者子女出现的问题；另一种是过度保护，家庭什么都包揽，也容易让青少年心理脆弱，经不起挫折。另外，家庭残缺或父母关系紧张也是造成学生心理脆弱的一个原因。在这样的家庭中，家庭关系紧张导致的敏感孤单的心理使他们在面对挫折时容易一蹶不振。从而造成不能正视现实生活中的波动和挫折，影响其人格的发展和完善。

二、未经挫折，依赖性强

在家人和周围环境的宠溺下长大的青少年，往往有着非比寻常的优越感。生活的一帆风顺让他们习惯了在平静的大海中航行，以致稍有些风浪，他们就会不知所措，心理难以承受。有经历才会有成长，人人都不喜欢挫折，但挫折又不可否认的是助人成长的重要元素。青少年心理脆弱也跟其年龄也有一定的关系，由于他们涉世不深，又正逢角色和身份的转变时期，必须面对很多从未体验和经历过的问题。这对那些习惯依赖父母的青少年而言，就更难把握自己。学生在长期的传统方式管理下，绝大多数一直处于被动地位，逐渐丧失了主体意识，依赖父母、依赖老师、依赖他人，一旦失去依赖，便无所适从，导致心理承受能力很差。不会独立的处理问题，喜欢否定自己，害怕失败和挫折。

解开心结→

当今社会中，青少年由于心理承受问题，因为一些皮毛小事而轻易结束自己生命的事件其实并不少见。那么为何青少年的心理会如此脆弱呢？这个问题已经越来越受到大家的关注。

青少年时期是最重要的时期，健康的身体和心理对于以后的成长有着举足轻重的作用。青少年在这个时期的生长发育旺盛，同时也会有多种不良心理问题滋生。在现实生活中，这样的现象是很多的：有的同学考试成绩不理想，则垂头丧气，心情苦闷，严重的甚至怕见人；有的同学受到家长或老师的批评，便不吃不喝、生气、使性子等。这就是一种普遍的心理问题——心理脆弱。心理脆弱的主要表现就是面对挫折，会怯弱、后退、害怕、不敢迎难而上，给自己施压，从而导致了以极端的了断方式去逃避。这种不能承受挫折与打击的脆弱心理，使得他们行为难以捉摸，处事较为极端，还会带来很多社会问题，危害很大。所以当代青少年应该学会消除其脆弱心理，增强心理承受能力，学会以积极的心态对待挫折。以下是具体的方法：

一、学会正视挫折，随时做好面对挫折的心理准备

当然，每个人都希望自己是幸运之神，挫折这个词最好与自己无关；但是，“一帆风顺”、“心想事成”只不过是人们的美好愿望而已。在生活中、学习中、工作中，总会有需求得不到满足、愿望不能实现的时候。要认识自己所面对的周围环境，并且要调整自己，使之适应环境。要正确的认识到挫折是任何人都无法避免的。生活中、学习中、工作中都会有不同的挫折潜伏着，随时会来考验你，所以就要求青少年能够积极地面对挫折，做好充分的心理准备，那么当挫折来临时就不会不知所措。

二、学会如何应付挫折

只有应付挫折的思想准备还远远不够，还需有应付挫折的方法。遇到挫折首先要沉着冷静，自我疏导。面对挫折不能自卑，要有憧憬，要告诉自己挫折背后就是成功，只要有信心，不放弃，鼓足了勇气迎难而上，总会克服困难的。有些挫折，以一个学生的能力，确实无法独立解决。这种情况下，学会去寻求他人的帮助。当遇到挫折时，往往当局者迷，自己百思不得其解，这时候如果求助于家长、老师或者同学，往往能抓住要害，对症下药，走出困境。挫折之后要善于总结经验，从中吸取教训，这样就会尽可能地避免重蹈覆辙，将失败作为成功的筹码。

三、注意培养受挫后的恢复能力

乐观的人并不是没有痛苦，而是能很快从痛苦中解脱出来，重新振奋精神。与挫折过招的过程是让考验人的，有的人会在挫折过后仍然保持不良的情绪一段时间，有的甚至会更久。所以这就需要有一定的方法来引导自己从挫折的阴影中走出来。比如：对生活要抱有乐观

态度，要以微笑去面对每天的人和事，胸襟要开阔，丰富自己的知识，多交朋友，走出自我的封地。或者可以告诉自己，挫折并不可怕，就如暴风雨，一旦过去，留下的是能够让人展颜欢笑的一道美丽的彩虹而已。不妨把挫折看作是一件不完全的好事，因为它让你成长。

5. 为什么自信过度即为“自负”

你的困惑：我是被家长捧在手心里长大的，从小我就认为我自己是世界的重心，因为整个家族几乎都是围着我在转，我所想所要的，他们都会尽力地满足我。然而，当我把这种高姿态放在学校时，他们都私底下说我“自大”、“自负”，但那就是我啊，难道做真正的自己不好吗？

我来为你疏导：

心灵故事之→

有一天，卡特和他的学生在一起聊天，有一位出身富有的学生来到他们面前，当着所有同学的面，夸耀他家在瑞士附近有一片广阔的田地。

当他在自吹自擂的时候，一直在旁边不动声色的卡特，拿出一张地图说：“麻烦你指给我看，洛杉矶在哪里？”

“这一片全是。”这位学生指着地图得意洋洋得地说。

“很好！”卡特又问道，那么希腊在哪里？”。

这位学生好不容易在地图上找出一小块来，但和洛杉矶相比，实在是太微小了。

“瑞士在哪儿？“卡特又问。

“瑞士，这就更小了，好像是在这儿。”学生指着一个小点说着。

最后，卡特一脸正气地说：“现在请你指给大家看，你家的那块广阔的田野在哪里呢?”

这位学生急得满头大汗也没有找不到。

他无奈地回答道：“对不起，老师，我错了!”

这位学生就是由自负的心理呈现出了自傲自大的表现，最终将受人鄙视或嘲笑。我们要以一颗谦卑的心态去面对一切，那才是一种真正高尚的情操。

透视心灵深处→

自负是过于自信或过高地评估自己的能力，是一种不切实际自高自大的心理表现，这种现象会使人言谈举止狂傲，瞧不起人。青少年有自负心理是一种严重的缺乏自知之明的心理缺陷。

有史以来，因为骄傲自大、极端自负而折戟沙场的例子甚多。如：拿破仑的“滑铁卢之役”、曹操的“赤壁之战”、关羽的“走麦城”都给后人留下了深刻教训。如今，有的青少年因为自负而不能和同学友好地相处，有这种心理的青少年常常有高高在上、盛气凌人的不良表现；有的青少年不尊敬长辈、对大人们傲慢无礼。还有的青少年因为自负不爱与别人说话，不回答别人问的问题。这种不正常的心理表现严重影响了青少年的健康成长。

美国著名的哲学家富兰克林曾说过：“自负是一个人要除掉的恶习。”可见自负对人是有百害而无一利的，一般有自负心理的青少年大多数表现在独生子女或家庭条件较好的青少年身上。青少年有自负心理一般表现为：自视过高，总是认为自己非常了不起，从来不关心别人，任何事情都从自己的利益出发，从来不顾及别人的感受，最终门庭冷落、孤单一人。自负不但会给青少年造成负面影响，还会影响他们的生活、学习和人际交往及心理健康。

青少年产生自负的原因如下：

1. 不良的家庭教育。家庭教育是青少年产生自负心理第一根源。有的父母过分地宠爱青少年，还有就是不能正确客观地评价他们所取得的成绩。比如您的孩子聪明可爱还会弹钢琴，那么，他的优秀被亲人及同龄人赞叹不已。这些过分的夸奖从客观上助长了他自视过高，目空一切。慢慢地自负的现象就表现出来了。

2. 生活中的一帆风顺。现在大多青少年都是父母的掌上明珠，在生活中，他们从来没有遇到过挫折，在学校又因为成绩突出，经常受老师的表扬，这就很容易使他们养成自傲和自负的个性。

3. 过高的自我认识。有自负心理的青少年往往掩盖自己的缺点，夸大自己的优点。事实证明，如果一个人只看到自己的优点，而对自己的缺点视而不见，往往容易产生自负的个性。

自信的人对自己有着客观的认识，所表现的是实际的内在自我。而自负的人恰恰正是缺乏对自己的客观认识，所表现的多是夸张的自我，或是幻想中的自我。自负就是人们通常所说的“过于自尊”。具体来说，自负有以下几方面的表现：

1. 自负者一个最主要的外在表现就是对自己的评价过高。自视过高，认为自己非常了不起，别人都不行。总爱抬高自己贬低别人，把别人看得一无是处。很少关心别人，与他人关系疏远。这种人时时事事都从自己的利益出发，从不顾及别人。不求于人时，对人没有丝毫的热情，似乎人人都应为他服务，结果落得个门庭冷落。而实际上，对自己的夸张炫耀是自负的主要表现之一，本质上正是其自信心不足

的表现。

2. 自负的人有较强的嫉妒心理。当别人取得成绩时，其嫉妒之心油然而生，极力去打击别人，排斥别人。以自我为中心，自己想干什么就干什么，想怎么干就怎样干，听不进别人的意见和建议。他们只考虑自己，不关心他人，总想让别人都围着自己转，总是将自己的观点强加于人，在明知别人正确时，也不愿意改变自己的态度或接受别人的观点。

3. 自负在接人待物方面也可以表现出来，他们不懂得尊重别人，缺乏修养，以清高、盛气凌人来显示自己的优越。他们往往看不起别人，总是固执己见，唯我独尊，喜欢自我欣赏，喜欢别人仰望自己的感觉，这样就使人言谈举止狂傲自私，瞧不起人，从而搞得心理孤寂，交不到真心的朋友。

解开心结→

自负往往会导致青少年自满，会使他们丧失进取心，增强虚荣心。它会成为青少年性格上的弱点，会阻碍其前进的脚步，所以，青少年应该培养良好的习惯去克服它，不让它滋生蔓延。要克服自负心理就要从以下几方面做起：

1. 青少年要善于接受批评

有自负心理的青少年是最不愿意改变自己的态度或接受别人的意见的，有自负心理的青少年在做事时可以征求一下其他人的意见和看法，这样通过别人的友好提醒。很快就会改变你过去固执己见、唯我独尊的心理。

2. 谦虚是良好的传统美德

有自负心理的青少年要用一颗谦虚的心与别人建立友好的人际关

系，这是你个人自觉成长的开始。古人云：“谦受益，满招损。”你可以有豪气万丈，但绝不能有半分自负心理。就算你有超人的才识，也要虚怀若谷。

3. 增强自我认识

要全面的认识自我，不要孤立的自我评价，要把自己放在社会这个大系统中去观察，既要看到自己的优点和长处，又要看到自己的缺点和不足，不可一叶障目，抓住一点不放，未免失之偏颇。五指有长与短，人也一样，不能总以己长去比人短而把贬低别人的价值。要以发展的眼光看待自负，既要看到自己的过去，又要看到自己的现在和将来，不要总是沉浸于过去的成就中，要放眼未来，因为辉煌的过去并不能代表现在，更不预示着将来。

4. 善待身边的每一个人

有自负心理的青少年一般都是目空一切，总觉得自己是最优秀的，这是自恋的表现，对身心健康极不利。要想彻底地克服这种不好的心理，必须要做到心中有他人、处处为别人着想，尊老爱幼，善待身边的每个人，还要取他人所长补自己之短，不断地充实、完善自己，努力克服自负。

5. 培养不显露自己才华、常自省的习惯

自负者往往是习惯沉浸于虚无的胜利中的幻想者，常常因为一次的成功就自我满足，眼前显现的、耳边响动的永远是早已逝去的昔日的鲜花与掌声。被光环围绕得太久，就容易将光环演变为锋芒，锋芒在适当的场合可以发挥有利的作用，但是它有可能会刺伤别人甚至是自己，所以要学会正确地运用这把利剑。过分外露自己的才干，不分场合地显露自己的才干，只会让别人瞧不起你，甚至排斥你。如果一个人能经常进行自我反省，能够静下心来想想自己今天所做所获，那么他就不会有自负心理了。

最后的这一点也是根治自负的最佳方法。那就是能够接受批评。自负者的致命弱点是不愿意改变自己的态度或接受别人的观点，接受批评即是针对这一特点提出的方法。这也是自负也很难做到的一点，他们认为接受批评就是对自己的否定。其实接受批评并不等于让自负者完全服从于他人，只是要求他们能够接受别人的正确观点，通过接受别人的批评来改变过去偏执的心态，达到最终克服自负的目的。

6. 为什么深陷抑郁的沼泽

你的困惑：期中、期末考试、各种课外学业、中考、高考、考研、考博，不停的考试，再加上感情因素、生活压力、虚拟网络等，我觉得学生是人生最苦最累的日子，我终日被这些东西所累，我从来不知道什么是快乐，也不知道如何去面对以后的路，因为我看不到未来的光明，而尽是灰暗。

我来为你疏导：

心灵故事之→

正值花季的小瑶是职业高中高三的学生。原本一个活泼的女孩子，却在高三的前半学期无诱因的开始出现失眠、头晕、头痛、胸闷、心慌、上腹不适等症状，整天胡思乱想、郁郁寡欢，对前途悲观绝望，常常无精打采，精疲力竭。之前很爱学习的她，现在也失去了兴趣，经常旷课，不愿参加集体活动，也不愿说话，对即将来临的高考也失去了原有的信心，她甚至想到了退学。几次向父母提出都被劝说了回来，但即使回到学校，她上课的大多时间也是在发呆，而且经常会感到脑子不够用，记忆力下降，注意力不集中。就连生活作息也受到了影响，晚上难以入睡，早上却醒得很早，常常清晨4、5点就醒了，一醒就发愁这一整天该怎么过。这样的情绪一直左右着她，让她觉得生活没有希望，自己是一个废人，还连累了家人，很想一死了之，曾多次自杀未遂。

透视心灵深处→

这个故事里的小张就是典型的抑郁症患者。抑郁症是一种较持久忧伤情绪体验，并伴有躯体不适和睡眠障碍的问题，多发于青少年，并女孩多发于男孩。在我国，抑郁症的患病者约2600万人，17岁以下儿童和青少年之中有3000万人受到情绪障碍和行为问题的困扰。其中抑郁症的发病又位居精神疾病中的首位。由于青少年处于心理转变的关键时期，他们还没有具备适当的能力和技巧去应对挫折，加之目前的教育制度及父母的期望值过高给心理造成很大的压力。因此容易产生抑郁的情绪。

青少年抑郁症的发病率一直处于上升趋势，但人们对此病仍是“不识庐山真面目”。患者自身识别率几乎为0，学校、家庭、社会对本病的识别率平均不足1%，一些综合医院的识别率仅为15%左右。病患者常心烦意乱，郁郁寡欢，常逃学并要求调换学校，对一些喜欢的事情失去兴趣，情绪低落，学习不集中易疲劳失眠、头晕胸闷不愿与父母交流，不管父母对错都在抵触，当青少年发病时，常常被误诊为头痛、神经衰弱、精神分裂症、心血管系统及消化系统等疾病，耽误了及时治疗的时间。下面，向广大青少年朋友们提供几点自鉴方法。

没有活力。青少年本应处于人生活跃的年龄阶段，但是患病的青少年却感到整个人已经垮了，很明确主要不是身体没有力气，而是精神上丧失了动力，做什么（包括自理生活）都需别人催促或推他一把，否则就根本不想动。不少病人挣扎着想振奋起来，但总是坚持一段时间后，就又放弃了。

有睡眠障碍。睡眠问题也是忧郁症患者常出现的毛病，这些患者所谓的“睡不好”包括比正常情况多花两个小时以上才能入睡的“入眠障碍”；就算入睡后也会在中途醒来好久次；或者比正常睡眠时间提早两个小时醒来，称为“早醒型失眠”等。

反抗父母。有些青少年因为父母的管教过严，到了青春期或走上社会后，不但不跟父母沟通交流，反而处处与父母闹对立。一般表现为不整理自己的房间，乱扔衣物，洗脸慢，梳头慢，吃饭慢，不完成作业等。在学习上表现为逃学、旷课，较严重的夜不归宿，离家出走，跟父母翻过去的旧账，甚至要与父母断绝关系。

无望感。感觉自己或者环境一无是处，或是感觉过多的、不恰当的内疚，感到个人的一切都很糟糕，前途暗淡无光，对未来丧失希望是抑郁症的一种表现。即使面对坦途，也并无喜，反而感到忧伤和痛苦。如考上名牌大学却愁眉苦脸、心事重重，想打退堂鼓。有的在大学学习期间，经常出现休学、退学的念头。

情绪波动较大。一天中的大部分时间意志消沉，几乎每天如此。青少年表现为情绪的莫名急躁，经常是坐立不安和焦虑，有时达到激越的程度。焦虑可以引起缺乏耐心和愤怒，并且即使是低度的压力，也使人难以应付。

有自杀的趋向。重症患者利用各种方式自杀。反复出现自杀的念头而没有明确计划，或试图自杀，或有明确的自杀计划。对自杀未果者，如果只抢救了生命，未对其进行抗抑郁治疗（包括心理治疗），患者仍会重复自杀。

解开心结→

抑郁症给青少年的成长造成了极大的危害，因为由其导致的自杀可给家庭带来不可估量的伤害和损失。那么，青少年如何走出抑郁呢？

1. 安排一些有益的活动。抑郁的时候，常会感到自己不得不做一些令人厌倦的事情。尽管令人厌倦的事情没有减少，但可以计划做一些积极的活动，即那些能给你带来快乐的活动。例如，你可以看看自己喜欢的书，和朋友一起出去踏青，或者做些运动。抑郁的人常常把时间用在痛苦的挣扎中，很少参加集体活动。有时候就算是出去玩了，也会常常想到其他的事情，比如，作业没有做完，衣服还没有洗，会因此而产生内疚感。其实，抑郁的人需要积极的活动，否则就会像不断支取银行的存款却从不储蓄一样。积极的活动相当于你在银行里的存款，哪怕你所从事的活动，带来的积极效果极其微小，你也要为此而高兴，因为你的存款又增加了。

2. 培养幽默感，学会自嘲。经常看看自己身上有哪些可笑的行为和观念，但不是完全否定自己，两者要区分开来。不妨把自己的人生看作是一出戏剧，而且还是一部传奇浪漫的喜剧。不管是生活，还是学习当中，无不是戏剧化的场景，在演戏的同时，不要忘了欣赏。培养幽默感不仅能使生活变得诙谐，而且可以使人变得更有吸引力。研究证明，一个不懂幽默的人，他就不懂调节情绪的方法，他所遇到的困难也就越多，他的情绪也最容易消沉。

3. 不要过度的追求完美。别求尽善尽美，比如在公共汽车上被人骂了一句，觉得损害了自己的形象，转而又埋怨自己不好，认为自己

无能，处处都倒霉。其实，这是自寻烦恼。要改变不正确的自责习惯。不要什么事做完之后，都要对自己挑剔一番，事事都觉得不对，都后悔，那么，这将会使你在做其他的事情时，变得畏首畏尾，顾虑重重，徒增心理上的压力。

4. 善于挖掘自己的优点。只有使自己的优点在自己身上明确起来，使其发扬光大，使缺点与优点在自己身上明确地分离开，让缺点在心中变得渺小，使其发扬光大的良好品质真正地在自己身上起支配作用，建立积极的心态，这样才能更好地表现最好的自我，更积极主动地充分发展最好的自我。青少年朋友如果能够如此肯定自己，才能得到和优秀学生一样的肯定，从而走向成功。

5. 运用欲擒故纵法。美国一项研究表明，要消除抑郁，必须要正视抑郁，敢于体验抑郁，即每天拿出一段时间专门进行忧虑，即“用忧虑战胜忧虑”。专家们发现，尽情地忧虑一段时间，便能驱除忧虑。但是这样做需要有一个良好的指导，否则，如果把握不好度，将会陷入更深的心理泥沼里。心理学家建议这样做：①平时通过想象、放松、转移注意力等方法打断忧虑，告诉自己，会有时间专门去忧虑的；②每天专门抑郁的时间不要超过半个小时；③专门忧虑时不要坐自己平时常坐的座位，以免日后一坐这座位就产生忧虑，也不要在晚上睡觉前安排专门忧虑。

让抑郁症远离这个花一样的年龄，青少年朋友们要有意识地倾听自己内心的需求，时不时地停下匆忙的脚步，反省一下是否伤害了自己，伤害了别人，这样才能走出抑郁的沼泽，让快乐围绕在我们的左右，让成功变得可能，让我们成为一个身心都健康的人。

第二章

正确认识情感

第一节　摆脱情感陷阱

1. 为什么父母一点也不理解我

你的困惑：父母有时候不了解我们，他们不知道我们到底在想些什么，他们总是按着自己的意思去做……我与他们之间有很深的代沟，我与他们简直无法沟通。

我来为你疏导：

心灵故事之→

故事之（*1*）

女生宿舍里，巧巧向好友述说着自己的烦恼："今天早上和我妈吵架了。她说今天天气不好，非让我穿毛衣，我说我不冷，不想穿，就这点事就吵起来了。有时候真烦，都这么大了，连这种小事他们都要干涉，累不累呀！"

好友也颇为理解地说："彼此彼此，昨天晚上我也和我爸吵架了。放学回家后，我赶紧打开电视，想看看那场都快结束的足球，刚看两眼，我爸回来了，进门就喊：'怎么又在看电视，一点都不懂事，快做作业！'我说我刚看，马上就赛完了，赛完我再做作业，你猜怎么着，他上来就把电视关了，还说什么，女孩子看什么足球。唉，他们一点都不理解我！"

故事之（2）

冯勇是一名高二学生，在这个花季的年龄里，他却一直想着离家出走。原因是从小学二年级起，他每次都是被爸爸看着强制学习。为了让他专心学习，爸爸拿走了他房间里一切好玩的小东西，而且不让看电视，不让出去玩，学累了也很少让他休息。有一次学累了，爸妈竟一人掐他腰，一人扭他耳朵让他去学习。冯勇觉得很郁闷，他觉得父母不了解他，于是处处和父母作对，不仅爸妈说的话坚决不听，就连父母做的菜他都不吃了，为的是“和他们划清界限”！

透视心灵深处→

现代社会，思想的发展迅速，各种新兴的思想随之而生，家长的思想变化已远远赶不上时代的潮流，使本来就已存在的代沟现象更为严重。代沟成为困扰两代人之间的最重要的问题之一。那么，“代沟”是如何产生的呢？

有 *56%* 的被调查学生表示自己不能被父母理解，其中 *10%* 的学生认为家长“根本不理解自己”。大多数人都反应，父母只盯着他们的学习成绩，而忽略了他们其他方面的感受。“给你吃这么好、穿这么好，不就图你学习上有长进吗？”这句话几乎成了多数家长的口头禅，殊不知，这句话也让孩子背上沉重的压力。

每一个处于青春期的青少年可能都会有这样的体会：小时候觉得爸爸妈妈是最完美的人，上了中学后却发现了他们的一些缺点；小的时候跟爸爸妈妈上公园逛商店，总愿意爸爸妈妈拉着自己的手，可上了中学就不愿让他们领着了，总想自己去玩；小时候什么都与父母说，长大了却发现父母原来不了解自己，就封闭了这个通道。这就是“心理断乳期”的表现，由于两代人生活与成长的环境不同，在思想和行为上有一定距离是很自然、很正常的，有人称之为“代沟”。那么为什么会产生这种现象呢?

首先，要明确这是一个正常现象，有其发生的必然性。随着年龄的增长，青少年的自我意识会慢慢苏醒，同时对父母的意见不再是简单地服从、照办，而是要分辩是与非。他们希望自主地安排生活，不希望、也不愿意父母干涉。但父母仍然用昔日对待儿童的教育方法，这已不能适应这一阶段的青少年心理发展的特点，于是就会让青少年产生父母不了理我这样的感觉。这就产生家庭矛盾，也慢慢演变成为代沟。

其次，是父母的教育方式的不足之处导致了这种现象的出现。父母的一生总有这么多的理想没有完成，而他们习惯于将未完的理想都寄托到孩子身上，让孩子成为他们梦想的延续，他们设计孩子前程的同时，就是为他们年轻而未完成的青春理想而设计。而青少年也在追寻属于他们自己的理想，这就产生了思想上的矛盾。就像一个名人说过“孩子在 *3～4* 岁是行为上的独立，而 *16～18* 岁则是思想上的独立”，他们不会任父母来设计自己的未来，这也是代沟产生的原因。

解开心结→

虽然代沟现象是常见的，但是不加以重视，也会产生巨大的危害。他可能是导致青少年心理问题、学习问题产生的主要原因。所以，在面对代沟时，作为青少年不要一味的埋怨父母，以逃避了事，要敢于面对，正确的解决才是明智之举。

常言道：“话不说不明，理不辨不清。”要解决代沟这一问题，最重要的方法就是加强两代人之间的沟通。站在青少年的角度，要明白：父母是爱你们的。他们所做的一切都是以你的将来考虑作为前提的。

对你们事事关心，事事过问，一切都要控制在自己的视野之内，这虽然是爱子心切的表现，但管得过死，难免就产生冲突，使孩子们感到父母不理解他们。面对这种情况时，要及时的把自己的想法说与父母，只有让父母明白了这一切，才有解决的可能性。假如你一时难以理解父母的要求，在这种情况下不要与父母“对立”，记住父母的话，并在实践中去逐步认识和理解。这样，你就容易与父母保持友好、平等、和谐的关系了。最要不得的做法是认为父母不理解自己，就更加封闭自己，并且不断地埋怨。那样只会使隔阂越来越大。

另外，要学会站在父母的角度考虑问题。现在的父母多半都认为，对于青少年来说学习永远是第一位的，因而忽视了子女在情感、兴趣、心理等多层次的需要。但是随着年龄的增长，每个人的需求就会不断的升高，青少年还有许多想法，有些想法是父母年轻时不曾有的，所以也就会意识不到，就出现了不理解。所以，要站在父母的角度看待你的成长，那样，就会互相理解与宽容。

现在人们常说“理解万岁”，青少年在要求父母理解自己的同时，也要去理解父母。“金无足赤，人无完人”、“人非圣贤，孰能无过”，我们不能要求自己的父母没有一点缺点和失误。要知道，理解是相互的。

2. 为什么父母要离婚

你的困惑：前不久父母因感情不和而提出离婚，这让我很难过，一想到曾经拥有着无数回忆的家庭就要支离破碎，我就没有心情学习。我每天所想的就只有一件事，那就是怎么样才能让他们重归于好。

我来为你疏导：

心灵故事之→

故事之（*1*）

当两个女儿都结婚之后，秦晴的父亲向母亲提出了离婚，父亲对女儿说，他的任务完成了，两个女儿都不需要他了，他也要为自己活一回了。其实，说这句话时，秦晴是理解父亲的，毕竟他与自己的母亲吵架吵了半辈子，到现在为止分居了两、三年。从理性上说她也很同情父亲，有时候甚至自己也会不自觉的想到这样的结果。每次面对父母的争吵她都很烦，有时候甚至不愿意见到自己的父母，但是现在父亲把这个决定放到了眼前，秦晴却无法接受。她理解自己的父亲，每次都是上完班回来自己做饭，然后是送自己和妹妹上学。而母亲从来都是对什么都不管不问，只会在输了的时候和父亲吵架。也许父亲真的是累了，所以父亲这样做真的是无可厚非，但是秦晴就是无法接受，再就是她也不想看母亲鼻子一把泪一把的在自己面前哭泣，不知道自己应该怎样做？

故事之（*2*）

在孟刚的记忆中，父母的感情就没有好过。因为他的父亲是一个暴躁的人，母亲则好强到极点，因此性格的差异使得他们从来都是三天一小吵五天一大吵。就因为他们都爱孟刚，都不想伤害孟刚，都想让孟刚健康的成长，所以这个名存实亡的家庭一直维系着。

但是现在母亲已经觉得忍无可忍，精神近乎崩溃了，那是因为父亲的一次同学聚会，他要孟刚的母亲去参加，可是孟刚的母亲因身体不好就没有去。这让孟刚的父亲觉得非常没有面子，他喝醉了回家，就对孟刚的妈妈拳打脚踢，以至于对孟刚的母亲造成了难以磨灭伤害：

每想到那天的事情，孟刚的母亲连回家的勇气都没有。于是孟刚同意了父母离婚，可是令他难堪的是他不知道应该选择谁，选择跟父亲他怕伤害到母亲，选择母亲他又怕伤害到父亲。他应该怎么办，这使他深深体会到一波未平一波又起的深刻含义。

透视心灵深处→

美满幸福的家庭，父母共同的关心与爱护是我们每个人，特别是青春期的孩子所期望的，但是有时候人生往往会不尽人意，父母的婚姻也会出现一些不以子女的意志为转移的情况。离婚率升高虽然是一个社会问题。但是青少年却是最大的受害者，我们不难看到单亲青少年经常会发生的各种问题：厌学、性格孤僻、打架攻击别人、愤世嫉俗、心胸狭隘、偏执……所以，单亲青少年更需要关爱。有许多的青少年害怕父母离婚，当他们得到父母要离婚就会出现茫然的状态，面对父母离异时，青少年不知道自己应该怎么做？当然，也有成长得更好更坚强的单亲青少年。那是因为他们找到了生活的方向，能够及时调整好自己的心态。

解开心结→

在这里，给广大青少年找一些方法，以帮助你们走出迷茫：

首先，要弄清楚父母离婚的真正原因，看看有没有复合的可能，如果有要尽力劝说父母不离异。但是要说明的是父母要离婚你只能从子女的角度劝慰，不能阻挡。当然如果没有触犯的原则是作为子女的也可做一些小伎俩使他们的感情回归，比如说你妈妈给你买的或者做的好吃的你留下来。送到分居后爸爸住的地方，说这是妈妈为你做的，盼你早日回家！你再给妈妈买点衣服，物品等等，说是爸爸送的礼物！爸爸对以前的离婚态度也许会表示软化和妥协。虽然是劝合不劝分，但是如果他们过的不开心，就像是案例二中的那个家庭，也许分开对全家来说并不是一件坏事，因为每个人都有追求幸福的权力，如果因为你而让你的母亲继续过这种不开心的日子，你认为这样好吗？他们实在是性格不合，已经到了触犯个人原则的情况，实在没有必要非在一起过下去，强扭的瓜不甜啊。

其次，对于这种情况，青少年不要介入到父母的感情纠葛中去。我们年龄还小，对具体情况又不太了解，判别是非的能力很低。从另一方面说，不管对错，生身父母到什么时候也是自己的父母，这一点是永远改变不了的。如果真的非离不可，那么作为子女的就得考虑一下自己的出路了，未成年的需要选择一个做监护人并且向父母提出自己的考虑结果，成年人可以选择呆在某一方那里或者出去自力更生了，但是不管如何，能原谅父母的地方就尽量原谅，毕竟可怜天下父母心，不到这一步他们也不会提出这种要求的。他们有追求自己幸福的权利，所以请不要以“家”来牵绊他们。如果有时间的话，要多陪自己的父母聊聊天，让偏弱的那一方明白这个世界上还有一个你，让父亲或母亲有生活的勇气。让他们过得更好，要明白即使他们不在一起，他们也还是你的父母，关心和爱护也不会因此而少。也许分开一段时间，冷静之后，他们会发现彼此之间的可贵之处的。

第三，青少年自己要尽可能把影响控制到最低的程度。小小年纪遭遇了父母离异，生活的重大变化肯定会引起连锁的反应。说不受影响是不实际的。那么你就要想既然这是无法改变的事实，那么就要接受这个现实，有时候有一点阿 Q 精神也是很必需的，勇敢地面对残酷的现实，振奋精神，努力学习，健康生活。对于一些已成年的孩子来说，你的任务是听取他们最后的解决办法，没有必要去教他们必须怎样去做，这样的青少年是聪明的。在一个家庭中，磕磕绊绊是难免的，做儿女的要懂事，去做父母关系的调和剂，儿女都是父母的心头肉，心头肉的话是有分量的，父母冷战的时候做儿女的更不应该无理取闹，那样只会火上浇油，你要董事，试着调解他们之间的误会，跟他们谈心，知道他们彼此为什么生气，才能解决误会。

第四，作为青少年对于这种现状已无能为力，这时最为重要的就是照顾好自己，这也许是目前最重要的事情了。因为或许父母都在忙自己的事情，会出现暂时性的想不到孩子的情况，这时作为青少年一定要照顾好自己。也许只有这样才能为他们减少一些烦，少给父母本不好的情绪再添乱，切忌胡思乱想。父母对你的爱心一般不会因为离婚而发生改变，要相信他们会对你做出妥善安排的。他们不会因为离婚而不爱你的，还是那句话，父母永远是自己的父母，他们爱子女的心是永远无法改变的，也不会因为任何的现实的改变而改变。

3. 为什么父母偷看我的日记

你的困惑：我的日记本是带锁的，那里面锁着的是我青春的心情，成长的记忆，之所以要带上锁就是为了避免父母翻看。因为我需要自己的空间。我曾经为自己的举动而感到羞愧，我觉得我应该相信自己的父母，他们不会随意来侵犯我的隐私的。可是，突然有一天，我发现父母打破了我的愧疚感——他们偷看我的日记。我不知道该如何面对他们，我恨他们的这种行为。

我来为你疏导：

心灵故事之→

故事之（*1*）

安琪是初三的学生，近来学习成绩不断下降，而且还不时有男孩给她打电话，其父母怀疑她早恋，就偷偷撬锁看了她的日记本，才知是安琪患了轻微抑郁症，那个男孩是在帮助她转移注意力。就在父母为此担心的时候，又发生了一件事。安琪回来后，发现日记被人偷看了，心理疾病由此加重，气得精神失常。其父母后悔莫及。

故事之（2）

王芹最得意的就是有一个自己的小书桌，上面带着一把小锁，一把小锁就可以把自己的小秘密锁在里面，所以她把自己的信件和日记全放在了里面。这天放学回家，王芹发现自己的书桌抽屉上的小锁不知道怎么被开了，再一看，里面的东西全部被翻过了一遍。王芹赶紧走到厨房里，问正在烧菜的妈妈：“妈，咱家是不是来了小偷，我书桌抽屉上的锁被砸开了！”妈妈却笑着和她说：“哪来的什么小偷啊，锁是我打开的，我想看看你的抽屉里到底有什么东西。”王芹觉得自己的隐私受到了严重的侵犯，又气又恼，和母亲陷入了冷战。

透视心灵深处→

这两种情况其实在当前都不是少数。不论成年人还是未成年人，其日记是个人隐私，未经允许不得阅看，否则就是侵权。何况这未成年的学生，思想尚还稚嫩，会有很多的“心灵秘密”不愿让爸妈知道，当他们一旦发现自己的房间被父母背地里“检查”过，便对父母产生极度的不信任。

日记是孩子的隐私，父母经常偷看孩子的日记，是孩子最不能容忍的事情，因为在他们的眼里，这是一种严重的“侵犯”行为。随着孩子逐渐长大，他们往往会有一些思想是不愿让人知道的，于是就有了日记这个“避难所”，以保持心理上的平衡。一旦这个“秘密场所”

被人侵入，就等于心理上的稳定被人打乱。因此，他们会产生强烈的抵触情绪，以过激的行为来反抗父母的做法。

人人都有不愿告诉别人私事，这便是隐私。个人隐私应得到尊重，但是青少年的隐私权受侵犯是常见的事。偷看青少年的日记并不是一件小事，而由此引起的后果主要有以下几个方面：

1．破坏青少年的人际关系。青少年的日记里往往会涉及到他的朋友与同学，里面往往记录着他们一些不愿让别人知道的秘密。但是当家长和老师知道后，往往会将其公诸于众，便会招致朋友和同学的怨恨，破坏了青少年与别人的友谊。

2．降低青少年的自省力。写日记是一种自省方式，偷看青少年的日记，又把日记的内容宣扬出去，是不可取的。青少年会因此受到打击，对父母产生极度的不信任感，也因此会放弃这种自省的方式，不再写日记了。这样会使他们自省的欲望和能力大大削弱，妨碍其健康成长。

3．打击青少年的自信心。随着青少年独立意识的苏醒，他们都希望自己的某一领域不受干预，这正是有自信心的表现。青少年写日记是其思想独立的一种体现。做错了事，想偷偷改；学习落后了，想暗自追上去，这也是不丧失自信心的表现。而侵犯他们这方面的隐私，是对他们自信心的最大打击。

4．影响亲子关系。青少年的隐私常被侵犯，家长又不善于补救，其结果必定是青少年对父母反感，不信任。一旦双方形成隔阂，再对青少年进行有效教育就困难了。

解开心结→

当你的日记被父母偷看时，该如何去做呢？一旦发现，就应立即向父母讨说法。当然，讨说法并不是暴跳如雷、痛不欲生，既要据理力争，又要冷静应对。

首先，要用一颗理智的心站在父母的角度考虑。要知道天下没有不爱子女的父母，他们的用心是好的，他们在没有征得你同意时偷看了日记，这种行为肯定是不正确的，但也有情可原，因为他们的出发点大都是好的，他们的初衷并不是要揭你的老底，给你点颜色看，也不是为了惩罚你。主要是想了解并掌握年幼的子女心理动态，总怕自己的心肝宝贝思想滋生“病苗”，以便及早“医治”，确属“好心办了坏事”。子女更要相信父母不会用信中的内容取笑你，不会轻率地将信中内容外传使你难堪。你们得谅解他们。只要看一看他们为你操心受累而头上添的白发和脸上增的皱纹，你们就会有一种感动，他们因为关爱而出的过错其实真的是可以原谅的。

其次，要向父母讲道理。在私翻日记、信件的事情发生后，你千万不要发脾气、耍态度，不问青红皂白扣上“私拆信件违法”、“偷看日记可耻”的大帽子，向父母明确指出此事的违法性和对自己的伤害，希望他们尊重你的隐私权。否则，大发脾气不但不能使事情得到缓和解决，反而会让父母认为他们的自尊与权威受到了伤害，激化矛盾。

第三，与父母订一个君子协议。与父母商定家庭制度来避免类似事情的再次发生。不仅是日记本，还有电脑文档、同学来信、锁在抽屉和箱子里的“体己”等，均应得到保护。可同父母约法三章，未经许可不准翻看，更不准“偷看”，对自己有什么问题，可以直接提问，或在本人许可的情况下翻看。

第四，要增强对父母的信任。随着年龄的增长，自我意识的增强，渴望得到别人的尊重，加上学习阶段与外界交往的日益增多，开始有了自己的秘密并且轻易不愿向人吐露。由于年龄的差异，代沟现象日益严重，许多的青少年担心内心的秘密会遭到父母的误解，于是便将自己封闭了起来，这种不信任感首先会使自己在感情上逐渐疏远父母，产生距离，越是这样越会使父母对青少年担心，他们迫切希望能了解青少年的想法，于是便有了日记事件的发生。青少年毕竟还年轻，缺乏社会生活经验，在生活中为什么不主动争取父母的帮助呢？如果你能经常与他们交流思想，沟通感情，父母也就不会采用你不高兴的方式“了解”你了。所以，加强两代人之间的沟通，是化解信任危机的根本途径，青少年在生活中要尽量做到这一点。

总之，当你的日记被父母偷看了，要学会彼此的谅解，理智的处理。

4. 为什么要停止“单恋”那颗心

你的困惑：我有了自己喜欢的人，却一直不敢向他（她）告白，我害怕被拒绝，但终于有一天，我不安于暗恋而勇敢地说了出来，结果我还是被拒绝了。从此，见到他，我就像老鼠见了猫一样，我觉得很丢脸，不敢再看他，但是看到他和其他女生一起说笑，我就会很生气，就好像男朋友背叛了我一样。

我来为你疏导：

心灵故事之一

我喜欢着一个男孩子，他是我的同班同学，他给我的感觉很好，总是那样微笑着对我讲话。

那天，我终于鼓起勇气向他告白了，可是，他却只对我说了声谢谢。他对我说，以后再也不要对他说这样的话了，否则连好朋友也做不成了。我知道，他根本就不喜欢我。后来，我经常发现，他和我们班另外一个女生开心地谈论着一些问题。

自从那次表白后，不知道同学们怎么都知道了我的事情，现在总觉得他们看我的眼光都变了。我现在真的失去了一个好朋友了吗？我真的很后悔那天不应该一冲动就向他表白。我好想退学，我没有办法再面对同学们看我的眼神，再也不想见到他和别的女生在一起有说有笑了……我讨厌生活里的一切，我该怎么做才能回到以前的生活？

透视心灵深处→

发生在文中这个女生身上的事，在青少年身上是比较常见的，青少年的年龄也到了主动寻求恋爱关系的年龄。因此，文中的女生不必过于介意，*16* 岁的少男少女还没有对爱情的承受力，走自己的路让别人去说吧。你现在要做的就是从告白失恋的状态尽快跳出来，开始新的生活。

受“单恋”困扰的心理分析

一、单恋的现象比比皆是

生活中，一味地单恋的现象比比皆是，几乎每一个人都经历过这种心理状态。患单恋心理的人总是会觉得对方有一天会爱上自己，常常把对方的言谈举止纳入主观需要的轨道去理解。对方的一句无意的话语、眼神或表情，引起其长久的喜悦和激动，即便遇到严词拒绝，仍毫不置疑。如果能够看见对方，就会尽可能地注视着对方的一举一动；如果见不到对方，就会猜测或巧妙地打听对方的去处；如果别的人无意中谈起对方，会非常注意地倾听，表现出极大兴趣。以为只要自己大胆努力地追求，对方终有一天会被自己感动，一想到这里，就觉得应该用加倍真挚热忱的爱去唤醒对方。看那些电视剧中陷入单恋无法自拔的悲情女主角，她们为了得到对方的爱，不惜变成一个坏女人，然而，最后她们什么都得不到。

民间有一句俗语最值得单恋者好好味味一下：强扭的瓜不甜，是你的就是你的，不是你的终究不是你的。

二、单恋的心理过程

单恋的心理过程是一个怎么样的情况呢？英国某著名心理学家认为单恋的模式大多是：起初双方仅是精神交流，接着其中一方萌生爱意，并陷入自己编织的情网中难以自拔，不时用隐晦的语言和行动暗示对方。如果对方年龄在25岁以下，通常会直接拒绝单恋者，30岁以上的人则大多“默不作声”，这往往使单恋者产生误解，两人陷入尴尬关系中。单恋可能发生于任何年龄段，但在14～18岁时更常见，因为少男少女此时正处于爱幻想的青春期，不善于自我控制。而在适婚男女中，60%的人“单恋”过，20%的“多情种子”还可能每年单恋他人2～3次。另外，60岁以上老人也不时出现单恋。

单恋是一种心病，能反映出一个人的心理状态。陷入单恋的人通常自卑感很深，这些人虽然总是进行爱的自我陶醉，但真正面对对方时，会表现出极度的紧张和不安，并且试图掩盖自己的真情，以至出现语塞笨拙的举动，使对方感到莫名其妙。这样，往往引起事后的懊悔。他们对相思的人怀有高不可攀的畏惧心理，尽管对现实的恋爱十分向往，但却不敢轻易地向对方表白，深怕对方说出“不”字。于是将深情藏在心里，却又急切、焦灼不安地期待着对方的爱情吐露。长时间的感情压抑和失望，会加重忧郁和苦闷。因而，可以说单相思很容易加深自己的心理负担，影响正常的生活。但当他们真正地表白了自己的感情后，一旦得不到回应，就会更加痛苦。

三、单恋的优缺点

很多陷入单恋的同学在很长的一段时间都会感到压抑和疑虑，给自己的生活和学习带来无尽的烦恼。像这种“落花有意，怎奈流水无情”的感情，同学们最好跳出来，否则长期下来会严重影响我们的心理健康。作为一名学生，如果让自己的学业及前途淹没在单恋中，那就太得不偿失了。

然而，单恋就百害而无一利吗？其实也不尽然，敢于表白自己的爱，就说明你是一个敢说敢做的人，敢于追求自己喜欢的东西。也许表白让你更学会如何去关注、关心一个人，如果你将这种感情加以升华、扩展，那么你将学会无条件地关怀人、帮助人。你可以利用这种体验来提升你爱的能力，相信：只要你能够面对单恋适可而止，就说明你是一个善解人意的人，懂得不把自己的爱建立在别人的痛苦之上。歌德就是在放下痛苦的单恋后，写出了伟大的名作——《少年维特之烦恼》，书中他将单恋者的感情与细腻全部转化了文字的美丽。

解开心结→

人们的传统观念认为女生比男生文静、乖巧、懂事，可以让老师、家长少操心。相对男生而言，女生的自我管理能力较强，对自己需求的表达方式上也要含蓄些，正因为这样，在老师的班级管理工作中容易被忽视。事实上，花季少女的心理健康问题更需要老师家长的关注。花季女生的情感较为细腻，就像上文中的女生一样，表白无果后就开始胡思乱想，因此，我们要更加关注女花季少女的情感世界。

花季女生如何与异性交往

第一点，应特别注意与男生的相处方式，最好是以集体交往为宜。

课堂上的讨论发言，课后的议论说笑，课外的游戏活动等，为大家创造了异性交往的机会。集体交往一方面使一些性格内向、不善交际的同学，免除了独自面对异性的羞涩和困窘，同时也满足了喜欢交际的同学的交往需要。而且在集体性的异性交往中，每个女生所面对的都是一群异性同学，他们各有所长，或幽默健谈，或聪明善良，或乐观大度，或稳重干练……这就使花季少女在吸收所有男生的优点的同时，开阔了眼界和心胸，从而避免了只盯住某一位异性而发展“一对一”的恋爱关系。

第二点，作为女生一定要自洁自爱，不要有轻浮的动作。与异性交往的程度和方式要恰到好处、自然适度、心中无愧。不管是自己心里是怎么想的，在与异性的现实交往中，所言所行要留有余地，不能太夸张，尤其是在与某位男生（如同桌）长期交往过程中，要注意把握好双方关系的“度”。

第三，女生在与异性交往时最忌造作。女生在与异性交往过程中，言语、表情、行为举止、情感流露及所思所想要做到自然、流畅，既不过分夸张，也不闪烁其辞；既不盲目冲动，也不矫揉造作。消除异性交往中的不自然是建立正常异性关系的前提。把与男生的交往就看作是和同性交往一样，落落大方，自然坦诚。

最后一点，女生要活得有尊严。在与男生交往时，不仅仅要自尊自爱，而且还应通过合理的言谈举止、大方的仪态来维护自己的尊严。异性间的交往有别于同性，尤其在交往的时间、地点、方式的透明度上要符合青少年的特点，既落落大方，又要避免引起旁人的误解，将双方的交往限制在同学式的友谊范围之内。在这一点上，花季少女更应该有所注意。

也可以借助闺中密友的力量帮自己摆脱困境。对于女生来说，友谊的作用很重要，当别人都离开时，友谊仍会陪在你身边。当心中有了不愉快的事或者有了解不开的结就可以试着向你的闺中密友倾诉，倾诉可以让你的心情变得轻松，朋友一句鼓励的话，可以让你重新站起来，面对所有的痛苦。因此，花季女生要懂得向别人敞开自己的心，所有向别人说不出来的话，都可以向好朋友倾诉以寻求解决的办法。

男生如何应对女生的“求爱”

一、认清自己的感情，不要盲目地接受

在这个世界上，人人都把完美的爱情当作一生的心愿，然而，真正的爱情是有它牢固基础的，例如执著的爱慕、崇高的理想、共同的信念、一致的情趣、高度的责任、无私的给予……都是它丰富的内涵。在青春期的同学容易在一定的生理与心理条件下把好感、同情、钦佩等感情误当爱情去追求，凭着一时的冲动向你求爱，你也可能会出于好奇、好玩、感激、同情、羞怯而接受他（她）的求爱。那么，这样双方在爱情上都扑了空，把自己对爱的想象当作了对方的真情。因此，作为一名有责任感的男生，当接到女生所送来的求爱眼神时，首先要考虑3个问题：

（1）这就是自己想要的爱情吗？

（2）我为什么要接受这种求爱的眼神呢？

（3）如果我接受了这样的爱情，我的生活会变成什么样子？

二、冷静地处理，把握自己

当一个男生收到女生的示爱行为时，不要慌乱，也不要太过于兴奋。我们正值青春花季，有个女生对你有了的爱慕、并向你表示是可以理解的。如果你不能很好地把握自己，要么就会陷入爱的“沼泽区”，要么就会伤害了对方。你既不能对她的求爱表示愿意接受或考虑，也不必声张、随意地把字条给你的好朋友看或交给老师和父母，也不要轻易将对方的信件、纸条公之于众，更不要当众嘲讽对方。如果真的这样做的话，不仅会严重地伤害到对方的自尊心，更会被大家嘲笑你这种做法的幼稚，不符合一个男生应有的举动。总之，无论你感到多么突然，都应该冷静地处理、把握住自己，避免极端化的言行。

三、表明态度、正常交往

如果你决定要拒绝向你表明爱意的女生，就要学会明确而巧妙地表明你的拒绝，因此，在拒绝时应该注意以下几点：

（1）态度确定。不管是什么样的拒绝方式，都难免会给对方带来一种伤害，但不能因此而犹豫不决，如果你拒绝爱的态度不够坚决，很容易造成对方的误会，最后往往带来更大的伤害。

（2）多为对方着想。你不妨先把对方赞美一番，然后再说明你不能接受的理由；最好能让对方觉得拒绝也是为了对方好；如果必须向旁人解释，你不妨把所有不能接受的理由归结到自己身上。

（3）选择一个最适合的方式。应该考虑到你们平时的关系和对方的个性特点，选择冷处理，或面谈，或书信等方式，但一般不要采用托人转告的方式。这样的话，会让用尽所有勇气的女生走向极端。

（4）选择一个最适合的时间。不要在对方刚表白了爱情时就立刻拒绝，但也不要拖延太久，给对方造成误会。具体应是什么时间，你可根据自身的情况而定，最好让事情变得自然。

男生要有男生应有的绅士风度，虽然拒绝了对方，但仍应该一如既往地以坦然自若的态度与她交往，但要巧妙地避免与她单独相处，让她意识到你的拒绝但又不伤面子。这样时间久了，对方也会为一时的冲动反省，然后渐渐平静下来。

四、寻求帮助、勇敢面对

如果你真得觉得自己无法处理好这件事，可以悄悄地寻求你信任的长辈或老师的帮助，让他们指导你度过难关。如果对方以无理纠缠或是以死相威胁，你也不要害怕，要勇敢面对、见机行事。有些人认为死缠烂打就能求爱成功，面对这种人你千万不要害怕，不能让对方掌握了主动权。你必须让她明白，你的态度是坚决的，如果她不尊重你和你的选择而苦苦相逼，你是会采取相应的措施的，那时你也不会再尊重她，也不会再考虑她的面子等问题了。

5. 为什么具有病态的依恋

你的困惑：我从小就喜欢和妈妈粘在一起，开始上学之前，我几乎与她一天二十四小时不分离，她走哪我就跟哪。妈妈是一个标准的家庭主妇，她对我的爱用姥姥的话说就是“溺爱”。随着年龄的长大，我渐渐地开始嫉妒爸爸，还喜欢时不时地与妈妈进行一些“亲密接触”，当我大胆地向妈妈表白说“妈妈，我爱你”时，妈妈却只是淡淡地说：“乖儿子，妈妈也爱你啊！”这让我觉得很失落，因为她没有把我当成一个异性，而是儿子。

我来为你疏导：

心灵故事之→

镜头一：

五岁时，男孩对妈妈说：“妈妈，长大了我要娶你做老婆。”

十岁时，男孩对妈妈说：“妈妈，我比爸爸更爱你。”

十五岁时，男孩抱着妈妈说："妈妈，你是世上最美丽、最好的妈妈。"

镜头二：

五岁时，女孩抱着爸爸说："爸爸，我长大了要嫁给你！"

十岁时，女孩对爸爸说："我要永远和爸爸生活在一起。"

十五岁时，女孩对妈妈产生了敌意，经常像小时候一样要抱着爸爸玩闹。

两组镜头的父母对于孩子这样的举动表现得很理所当然，在他们看来这是孩子的可爱，有些父母甚至会亲亲孩子，只当作是一句玩笑话。

透视心灵深处→

对这一现象，心理学专家指出：日后的恋父恋母情结正是从这时的心理偏差开始的。

不可否认，人类身上的确会存在着恋父恋母情绪，但父母与儿女间的爱是一种基于血缘关系的，是延续于两代人之间的爱，即使母子或父女间如何亲密，与异性间的爱也是不同的。人类社会间的性关系受到道德和法律的约束，也就是说亲子间是不允许有性爱成分的，否则就会出现乱伦。当恋父恋母情绪一旦转变成恋父恋母情结就会严重影响生活，给社会带来危害。

对于儿女来说，父亲如一座山，永远都是最沉稳的依靠；母亲如一条河，永远都随着你的脚步流淌。儿子爱母亲、女儿爱父亲在常人眼里更是天经地义的事，是一种亲情的表现。但有关专家提出，儿女过分依恋父母一方，如儿子恋母、女儿恋父严重时，人的婚姻或婚后夫妻关系就会出现较严重的问题。如有的人恐婚，有的婚后极端痛苦，恋父恋母情结所带来的后果已不能不引起人们的关注。

很多女性的择偶标准就是要找一个像父亲一样的人，在潜意识里喜欢父亲年龄的男人，她们把父亲作为榜样、楷模、偶像，认为父亲是最完美的、最神圣的。如果因此而不能接受同龄男性或者伙伴，就是一种恋父情结，属于心理问题。同样，生活中有不少男性喜欢追求年长于自己的女性，按母亲的特点选偶，他们多会对母亲百依百顺、百倍关心，甚至嫉妒父亲，觉得母亲应属于他一个人，恋母情结也成了很多男性单身的因素之一。即使结婚，总会觉得妻子不爱他、不疼他、不理解他，一有不顺心的事总想向“母亲”倾诉，就是一种恋母情结。

其实，男孩的“恋母情结”和女孩子的“恋父情结”是性心理发展过程中的一个特有的情感现象。恋母情结又称“俄底浦斯情结”，在精神分析中指以本能冲动力为核心的一种欲望。通俗地讲是指男性的一种心理倾向，就是无论到什么年纪，都总是服从和依恋母亲，可以说在心理上还没有断乳。恋父情结又称“爱列屈拉情结”，由于女孩子的异性爱本能倾向，使得女孩子恋父而妒母。两者都是一种性心理障碍，即生埋上已进人“潜伏期”或“成熟期”，而性心理却严重滞后，是一种不成熟的表现。

恋母（恋父）情结的产生

专家分析认为，人们的恋父、恋母情结的形成与父母对子女不正确的爱密切相关，一般源于3~6岁的时候，青少年没有得到正确的关爱和适当的教育的原因。

人长到3岁时，心理开始发育，有了性别意识的区别，在很多方面也开始摆脱对父母的完全依赖，但很多父母都忽视了这一点。如有些父女关系母子关系比夫妻关系还要紧密；女儿或儿子很大了还与父母同床睡；父母把他们当作幼儿一样的经常拥抱和亲吻等……使他们在感情上更加依恋父母中一方。

有的人因生活在单亲家庭或者夫妻不和的家庭中，自幼缺少父爱或母爱，内心就会怀有对母性关爱或父性关爱的强烈需求。待他们长大后为了弥补，才会转向恋父或恋母情结。他们追求异性，并非出于真正的爱情，而仅仅出于对异性的渴望。在他内心深处真正爱的人，是自己的母亲（父母）或是记忆中一个与母亲（父母）最相似的人。

青春期是一个人成长中最重要最关键的阶段，由于性成熟而出现对性知识渴求和对异性向往是很正常的，可如果在这个时期得不到正确和科学的性和生殖健康的知识，很容易造成性观念和性行为的偏离，妨碍其身心健康的发展，出现不正常的现象。

有恋父恋母情结的人都会否认，因为他们自己并没有发现自己的这种倾向。心理学研究发现：男性和女性几乎都分别有恋父、恋母情绪，由于种种原因，后来都形成了恋母、恋父情结。

解开心结→

一、摆正心态，找回健康心理

要想摆脱这种病态的依恋生活，首先要做的第一件事情就是摆正心态。青少年要先看清恋母（恋父）情结对自己和对社会的危害：

有恋母（恋父）情结的青少年很难有正常的情感心理，尤其是渐渐成熟后的恋爱心理。虽然社会对于现代青少年不提倡谈恋爱，但是，这种情结会让他们失去该有的少年懵懂的青涩情怀。这也直接影响到日后的恋爱及婚姻生活。

研究证明，有恋母或恋父情结的人，性心理极不成熟，他们总是以母亲或父亲的形象作为选择异性的标准，寻找“母亲型”或“父亲型”的配偶，对其产生过分的情感依赖。恋父情结或恋母情结都是一种心理疾病。

恋母情结的男性心理幼稚，依赖性强，缺乏自主意识，缺乏男孩子的阳刚之气，对其他女性表现极端的洁癖，严重影响男孩子的个性发展，极端的危害便是酿成不正常母子关系的悲剧。因现实中的妻子与自己理想中的“母亲型”不相同，他们婚后多与妻子的关系不融洽，夫妻关系最终会发展为不可收拾的地步。

恋父情结的女性多内向、娇气、任性，因无法与父亲实现心理分离，可能阻碍长大后走近异性，走向婚恋。总在有意无意寻找父亲式的恋人，即使走进婚恋，也无法全身心地投入婚姻生活把感情转移到丈夫身上。所以说恋父情结会影响一个女人的婚姻，甚至是一生的婚姻幸福。

恋母、恋父情结以病态状态出现，可发展为恐婚症，可见其危害性之大。

二、行动配合心理，提高人生价值

不管是男性还是女性，如果有恋母或恋父情结，应在心理上努力克服，寻找更适合自己的爱情伴侣；再者要有意志和理性的力量抑制和战胜内心的冲动，充分认识这种不正常依恋的危险，认识自己行为的危害性；最后，通过树立正确的人生观，积极投身于工作和社交活动，充分发掘自己的潜能，争取自我实现，体现自我的价值，寻找更高层次的心理满足，淡化自己的恋父（恋母）情结。

第二节　清除性欲纠结

1. 为什么性心理让我抬不起头

你的困惑：好奇心的驱使，我通过杂志、电影等渠道认识了两性关系，并且从此而一发不可收拾。我就好像是上了瘾一样，不论是在学校还是在家里，我的脑子里全是那些污秽的画面，看到父母或是异性就会想象到那些东西……最近我开始不敢看人，我觉得他们可以看穿我的思想，在所有人的面前，我都抬不起头。

我来为你疏导：

心灵故事之→

自从上高二以来，我上课精神老是不集中，学习成绩也开始下降，整个人记忆力开始减低，乏力，失眠，人际关系比较难处。其实这其中的主要原因是，有一次我到一个朋友家里玩，当时朋友家里正在看爱情片，其中有恋人亲热的镜头。从那次后，电视上的那些亲热镜头就时常浮现在我脑子里，很难消失。我整天的胡思乱想，学习成绩直线下降。平时若是见到女生，也不敢抬头，觉得自己好像很丢人似的。

我知道我这种心理状况是很不正常的，但我也不知道该怎样去排解。这种想法好像已经深深植入我的脑海中，严重影响了我的学习。我很少交异性朋友，这样的问题也不好意思说给别人。我该怎么办呢？

透视心灵深处→

文中这个男孩子的问题属于典型的青春期性心理障碍。在高中毕业前夕，他不能把旺盛的精力投入到学习和其他有益健康的活动中去，反而整天沉浸于性幻想之中，这是一个很值得引起深思的问题。

其实无论男女，进入青春期以后，由于性发育逐渐趋于成熟，自然而然就会萌发各种性幻想，产生对性的好奇和追求。但该同学此时看到的亲热镜头不仅加重了性幻想，而且在生活和学习当中这些镜头变得更为生动形象，因而占据头脑的空间太大了，占据的时间过长了。这样不仅有损健康，而且还会影响学习。

受传统思想的影响，我国青少年的性教育比较缺失。由于性发展受到压抑，因此经常发生早恋及过早性行为等问题，是我国青少年较为突出的心理行为问题。下面，我们就这一问题对青少年性心理进行剖析，对“性”这一心灵死角进行一次彻底地清理。

进入青春期的青少年，是未成年到成年的过渡阶段。在这一阶段，他们的心理发展和生理发育往往不同步，具有半成熟、半幼稚的特点；对自己身体的变化也往往会产生不知所措，甚至恐惧的心理。此时，青少年的性心理如果得不到正确地引导，则会导致心理失误，甚至心理滑坡。

一、性心理的形成及其影响

青春期是青少年的大脑日趋走向成熟的时期，这个阶段的青少年在生理和心理都发生了巨大变化，尤其是性器官的发育及第二性征的出现，不管是少男还是少女在心理上都发生了巨大变化，最为明显的是性心理特点。

此时，青少年的心理活动千变万化、丰富多彩；同时，由于生理的发育逐渐成熟，其心理便自然产生了性意识，并渴望了解性知识，这就是性心理形成的主要原因。大部分青少年都能顺利地度过这一阶段，但有些青少年却因为不断的生理变化在心理上会产生不安的情绪，进而影响到其身心的健康成长。

青少年要正确对待青春时期出现的一些性生理心理现象，对性冲动要保持冷静、理智的态度，在成长发育期间产生的性生理疾病和性心理障碍，要学会自我调节、自我完善。

二、青春期性心理的特点

1. 朦胧的性意识

青少年们具有性意识是性成熟的一种正常生理和心理反应，也是一种比较常见的自然现象。然而，这种自然现象可以通过坚强的意志来加以调节和控制。思想健康、意志坚强的人能够调节自己的性心理的同时，也能控制自己的性思维和行为，从而保证身心健康的成长；相反，如果意志薄弱、追求低级趣味的人，则很容易受性冲动的驱使，并做出一些有损自己身心健康的事，甚至导致性犯罪行为。这种行为对青少年的健康极为不利。

2. 迫切地追求异性

处在青春期的青少年渴望得到异性的爱，为此他们也希望自己能找到一个理想的配偶，这是人之常情，可以理解。但作为一个有梦想、有志气的青少年，则应该坚持自己的原则，把学习和理想放在第一位，正确处理好青春期的性冲动，使自己保持一个良好的心理状态，用自己的满腔热情和全部精力投入到学习中去；而追求异性不是这一阶段应该做的事。

3. 对性充满好奇

由于青少年对性知识缺乏了解，于是对异性便容易产生强烈的好奇心。这个年龄阶段的青少年不仅渴望了解性知识，而且还想了解自身性发育的情况，更想弄清楚异性的奥秘，对性充满好奇。也正是由于这种强烈的好奇心，他们希望并且渴望与异性交往。

4. 暂时的疏远异性

在青春的发育初期，青少年经常会避开异性同学，这种现象女生比较多见。这主要与生理的发育因素有关。由于第二性征的出现，使青少年对自身的生理和形态所发生的变化感到茫然与害羞，所以才会不由自主地对异性产生反感和疏远。

5. 羡慕长者的无忧无虑

青少年时期经常会对周围的一些优秀人员有仰慕爱戴、心神向往的心态，而且会模仿这些优秀人员的言谈举动，以至入迷。这些都是不成熟的典型表现。

解开心结→

通过上面对青春期性心理的分析我们可以了解到，对于青少年来说，青春期性教育，是一件与个人有关的大事，这不仅关系到能不能处理好青春期生理、心理方面的问题，还关系到自己的人格教育。

案例中的那位男生正是由于不能处理安顿好自己的性心理，对性知识缺乏了解，所以才会出现种种思想问题，影响了自己正常的学习和生活。因此，广大青少年必须学会驾驭自己，要知道自己的发育特点，包括性心理发育的特点，知道自己对性的好奇是生理上、心理上的正常现象，把握好自己，不要为自己的性幻想觉得荒唐，或者性好奇的情况而感到内疚或恐惧，思想上不要背上包袱，理智控制自己的行为。

青少年要学会不断调适自己的心理，特别是调适自己的性心理，消除对性的神秘感，有意识地培养自己高尚的情操和坚强的意志，用理智战胜本能，正确处理好青春期性心理问题，把旺盛的精力投入到学习知识上。只有这样，才能让青春闪耀，让生命无悔。其具体的自我调节方法如下：

一、坚持与异性朋友文明交往

在这个社会上，学习、工作和生活都不可避免与异性交往。如果与异性的交往不慎，就会带来很多不必要的苦恼和麻烦，尤其是青少年时期的男女青年。因此，青少年应该树立正确的交往理念，在与异性交往时要坚持自然、大方、文明。对于青少年来说，正是钟情怀春的初期，在此交往时更应该心地坦白、自然大方。如果对某个异性产生好感时，要学会理智地控制自己，战胜情感的冲动。

此外，在交往时，也要注意时间、地点和场合，要注重自己的言谈举止，既要热情、大方，又要文明礼貌，努力把自己塑造成一个高尚风度的青少年。

二、大量补充知识

在当前的知识大时代，知识就是万力能源。一个人知识越多，就越聪明、理智，其精神生活也就会越丰富多彩，生活就会充实、快乐。这样，一个人也就不会把注意力过于集中在性方面了。所以，青少年要把精力放在学习科学文化知识上，同时也有必要掌握一些性知识，这样就可以摆脱性恐惧、性愚昧、性神秘所带来的烦恼了。

三、不要接触那些不良的刊物

像色情书刊、影视或图画等这些东西，都会刺激青少年性冲动，它不仅影响青少年的正常学习和生活，还容易诱导青少年走上性犯罪的歧途。所以，青少年在受教育的过程中，一定要严格要求自己，要努力抵制那些不良影像书刊的诱惑，确保自己健康快乐地生活。

四、做一个有理想的人

青春期是人一生中的黄金时期；一个有理想、有目标、有追求的青少年，会在精神鼓舞下千方百计克服种种困难；然后，积极向上，不断进取。因为学习和事业在生活中永远占主导部位，而恋爱和婚姻只是生活的一部分。所以，对于一个有理想、有抱负的青少年来说，应时常把精力放在学习和追求理想方面，要摆正自己的学业和生活位置，把握好事业与爱情的关系。

五、自我调节与自我暗示法

青少年时期需要锻炼坚强的意志，如果出现性冲动，可用自我暗示法来调节自己的情绪。比如在自己情绪比较激动时，自己告诉自己“要冷静，不要冲动”等；这种自我暗示，对于疏导、调节青少年的性冲动常常有着很大的积极作用。

总之，为了自己的身心健康成长，我们不应过分地控制对性的感情和表现，要让自己对性建立一个正确的观念，最终使自己成长为一个高尚、健康、幸福和有所作为的人。

2. 为什么对待“爱”那么难

你的困惑：校园里常常会听到某某和某某谈恋爱，谁向谁表白了，“爱”这个字眼在青春校园中并不陌生，那他们应当如何去面对这个时期所谓的“爱”呢？

我来为你疏导：

心灵故事之→

在一个偶然的机会，小明认识了邻班的小玲，很快就说到了一起。他们俩在一起感到有无穷的乐趣。可是没几天就放暑假了，彼此再也见不到对方了。这时会有一种难以名状的情升在心头，这时他们的感觉都告诉对方彼此相爱了。那一个假期他们都像丢了魂似的，都在焦急中度过了漫长的假期。

当开学再次见面时，他们很快坠入了爱河。但是由于他们的自控能力很低，没有太多的精力，于是他们的学习成绩变得一团糟。最后的结果是本来成绩都十分优异的他们在高考后落榜了。现在他们的心中都很自责，时时有一种犯罪感，总是认为是自己害了对方。这种痛苦一直在他们的心中，当时的那种爱的冲动现在再也找不回了，代替的只有痛苦。

透视心灵深处→

这个案例也给正在热恋中的中学生一个很好的警示，由于年龄小，许多事情还不能很好的理智的去解决，当问题出现时又找不到解决的办法，只能让心这样痛着，相信随着时间的流失他们的心情就会变得好起来，但是那曾经的痛是无人可以给他们承受的。

爱的含义，不只是欢愉和浪漫，还有义务和责任，爱代表着一种责任，爱是一种无条件的付出和牺牲，爱是永无止境永不失落的，爱不是不要回报，而爱的回报就是对方的永远快乐和幸福。早来的爱情，它不成熟，容易受暗示，受阻挠，自己往往不能把握住真正的爱情，很容易失去真正爱你的人。而现代中学生眼中的爱情只是欢愉和浪漫，没有义务和责任，因而中学生的爱是残缺不全的爱，是经不起生活的磕碰，一旦有风吹草动，爱情之花就很快衰败凋零。因为对现在的中学生来说，所有的经济来源都是依赖自己的父母，根本无力承担一个家，对于爱情中的所有的责任和义务都不能兑现，所以说中学生没有爱的能力，确切的说是没有养活一个家的能力。

从另一方面来说,中学生正处于青春时期,眼中的所谓的爱情只是一种性意识的萌芽,不能称之为爱情。由于生理因素,绝大多数的学生在这个时期,都对两性关系存在着极大的好奇心。他们在经历了青春期的“生理大革命”后,伴随生理的性成熟,就会产生一种强烈的性好奇心和接触异性的欲望,男女中学生之间常常产生一种异常强烈的渴望与异性在一起的依依不舍之情,这就是中学生最初的爱情,是最不成熟的所谓的爱情。也正是因为青少年的年轻幼稚，各方面条件都不成熟，初恋表现出明显的幼稚性和冲动性，因而是很肤浅的，缺乏理智思考的，所以也是很不稳定的，极易变化的。在这时候他们付出的是最纯洁、最美好的感情，也因此对爱情抱有无限美妙的遐想。在人的一生当中，学习自我、他人，形成与他人关系的模式，正是在这个重要的时期。中学生由于世界观尚未形成，对人生、对社会、对世界的看法还较幼稚、片面，各人的思想、道德品质在今后的人生道路上还会有很大的变化，今天可能一致，明天就可能有分歧。在这个动荡不安的时期里，对异性的恋爱往往带有朦胧、脆弱、不稳定的特点，恋爱一旦不成，幻想破灭，对学生的打击则是致命的，搞不好会使中学生在畸形的感情漩涡中越陷越深，不仅影响学习，影响进步，也影响今后的前途。而爱情的真正含义是这个年龄所不能够理解的，在中学生的心中的爱情所注重的只是表面的东西。这种恋情是建立在外部好感的基础上的，处在恋爱中的中学生们不可能去深入考察一个人的人品、兴趣、个性，自己是否真心喜欢。

解开心结→

一、用理智战胜情感

首先，我们必须承认这种感情是圣洁的，是年轻人纯真性格的体现。在这个前提下，中学生要学会驾驭感情，而不做感情的奴仆。爱情是建立在良好的信任基础之上的，同时也是建立在一定的事业之上，古人讲“成家立业”，而现代人更应当“立业成家”。也许有的中学生会为爱愿意跟对方一起去流浪，不过，这仅是一种短暂而美好的幻想，你们不可能逃避现实，没有那么美好的伊甸园等着你。这里不需要你去流浪，如果你一定要说爱对方，那你们有自立的经济基础吗？不要依赖老爸老妈，你几时看到过自己的爷爷奶奶在父母结婚之后还养着你的父母？所以聪明的青少年是不会让对方为了爱情跟自己一起去受苦的，而是想着让对方过得更好。可是心情仍然是不放不下，那么怎么办呢？有两条路，第一是把爱情变成动力；第二种是把爱恋变成友谊。

二、把爱情变成动力

也许在处于爱情中的中学生的内心中，无论做什么样的事情都在想着对方，他们甚至在听一首歌时也会想到对方，更不要说是学习或者是吃饭的时候了，如果这时候让中学生放弃自己的那份“情”结一定不容易办到。那么怎么办呢？把爱情变成动力，真的是说起来容易做起来难。你们可以共同的来一个“高考之约”，为了对方以后人生的幸福着想，为了理想，为了心中那个美丽的梦，中学生朋友可以彼此约定这时候不见面，直到考试完毕，要以一个最好的成绩作为给对方的见面礼。每当想起对方的时候，就要以学习代替，告诉自己对方此时正在为了那个约定而努力呢，自己不能偷懒。用理想激励自己，用更勤奋的学习转移兴趣，这样你就会每天都有看不完的书，做不完的作业，严格遵守“高考前不写信，不见面”的承诺，每当精疲力竭的时候，只要一想到那个美丽的约定，就会觉得有无穷的力量。

三、把爱恋变成友谊

每一个同学在对待爱情的问题上都很有分寸，都做出了对自己有利的选择。要相信那个无话不谈的朋友，当自己有困难时，一定要让对方帮你，但是不一定要说出那份感情的，有时候内心的存在比表白出来更珍贵。然后把自己的眼光放远一点，把异性当成一个和你一样的平常的人，忘记他的性别，从精神的层面去欣赏，你会发现，那里有一片更自由更坦荡的天空任你遨游，你将拥有更多能够理解你，欣赏你，喜欢你的异性好友。如果这样的话，相信在你以后的人生路程中，你一定会庆幸你的选择的。

3. 为什么遗精那么烦恼

你的困惑：性对于我来说是神圣的却也是肮脏的，我时常会有“遗精”的情况出现，这让我恐慌不已。是我的思想太肮脏了？是我有问题？为什么我会出现这样的情况？这些问题困扰着我，我的生活和学习都随之发生了变化，当然，是不好的变化。

我来为你疏导：

心灵故事之→

在黑黑的电影院里，*16*岁的志豪着实被自己吓了一跳。这件事要从开学说起。

刚升入高一的志豪，一开学就对班上一位女生产生了好感。于是，志豪开始策划着约她一起去看电影，然后“伺机”表白。计划好了，志豪就开始找机会实施了。没想到，那个女生很快就答应和他看电影了。

电影院里，到处都是黑黑的。在黑暗的刺激下，志豪忽然有种想搂住女孩吻一下的冲动。可他还是克制住了自己，什么都没做；但突如其来地，他感到内裤一阵湿润、黏滑。

匆匆结束了第一次“约会”，志豪又急又怕：“我这是遗精吗？还是早泄?”但这事儿实在不好启齿。

其实，像这样的事，志豪以前也发生过。一次早上起床，他发现自己的床单湿了一片，他当时就吓了一跳。于是，他把这事儿告诉了爸妈。没想到，他当时就被臭骂一顿，还被告之以后不要胡思乱想。

志豪现在真的很郁闷，自己也不知道该如何去面对今后的生活，因为他很担心类似的事情以后还会再发生。

透视心灵深处→

遗精是困扰很多青春期少年的问题之一。像文中的志豪一样，由于他们对于自己正常的生理现象不太了解，所以当出现一些情况的时候自己往往不知所措；此时，家长如果不能做出合理正确的引导，那么这就很容易让青少年们对自己产生的生理现象感到困惑和不解。

其实，遗精是男孩子进入青春期以后的正常生理现象，它是性冲动时正常的生理反应。那么，男性为什么会有遗精现象？遗精现象一般从什么时候开始？遗精又有哪些症状和表现呢？下面，我们就这些问题剖析一下遗精产生的原因。

一般来说，男性到了 *10* 岁左右，就开始迈进人生一个重要的阶段——青春发育期；进入这一时期后，一般在 *13～15* 岁左右，男性时常在无性意识的情况下自发的射精，这种现象就被称作遗精。在睡眠做梦时发生遗精现象称为梦遗；在头脑清醒时产生遗精称为滑精。精液是男性性腺和性器官分泌出带有特殊气味的乳白色液体；正常情况下，遗精排出的精液与性交时排出的精液是完全相同的。

为什么会发生遗精

青少年在进入青春期后，生殖器官也会随着发育逐渐成熟。睾丸的体积增大，体内雄激素的水平也明显提高。因此，在睾丸、精囊、前列腺、尿道旁腺等组织器官的相互作用下，会不断产生精子和精浆。当精液量超过附睾和精囊的储存限度时，自然而然的就会出现“精满自溢”的现象，这种反射性而产生的射精是不可避免的。有时，在性冲动或遇到外界刺激时，精液也会不自觉地就会将其排出体外。这是正常的生理现象，青春期后的大部分健康男性都会发生此现象。

此外，遗精的年龄有的出现的早，有的出现的晚。有的男性从11岁就开始出现了，有的则到20岁才出现。出现晚的并不是精子生成的晚，而是精子生成以后，不是非得排出不可，它可以储存在体内而不排出，时间长了就会被吸收。

由于认识上的误区，很多未接受过性教育的青少年会对此感到烦闷，就如文中的志豪一样。当早晨醒来时发现自己有梦遗现象时，他们就会感到迷惑或惶恐不安，甚至觉得有负罪感；有些青少年在发现流出的精液污染了衣物和被褥时，还会有种难于见人的感觉，生怕被父母发现这种不正常的现象。其实，这些想法都是不正确的。据统计有80%的青少年都有遗精现象，这并不可怕更不会有什么危险。所以，青少年不要过于担忧。

遗精是一种正常现象吗

正常的男子都会有遗精的现象，但这并不是说只要遗精都是正常的。

一般来说，青少年出现遗精现象主要有两种情况，一种是生理性的，每个月出现1～3次遗精，这是正常现象；第二种是病理性的，遗精次数较多，其主要是由于长期手淫或是思想过分集中在与性有关的问题上造成的，也可能是因患有包茎、前列腺炎等不良疾病造成局部受到刺激而引起的。所以，青春期的青少年每月遗精1～2次，不是身体出现异常的现象，不必为此而烦恼，这不是病态的表现。但如果有经常遗精或次数过多，那就不正常了，应该及时到医院就诊。

解开心结→

由上面的分析我们可以知道，男性在青春期发生遗精现象是很正常的。有些青少年在大白天也会莫名其妙地产生“遗精”现象，这种现象明确地说应该叫“滑精”，它一般发生在清醒时，就像文中的志豪在电影院里发生过的一样。

不过专家提醒，长时间出现滑精现象对身体是有害的，它会导致头晕脑胀、腰酸腿软、心慌气短等不良症状。所以，对于遗精现象，青少年男生正确的做法是要正确的理解和认识发生在自己身上的一些生理现象，平时要做好遗精的预防保健工作，以免走入误区，影响身心健康。

正确对待遗精现象，做好遗精的预防保健工作，是人类对性行为认识发展的重要组成部分，也是每一个当代男青年应完成的责任。介于现在很多青少年在对待遗精问题上还有一些误区，先是心理上的困惑，然后是身体上的牵连，所以，青春期的男生要做好遗精的预防保健工作。首先，消除心理上的障碍是十分重要的，然后平时多注意以下细节：

一、勿把生理现象视为疾病，增加精神负担

出现了遗精现象，千万不要把生理遗精现象当作疾病，给自己心理上造成不必要的负担。此外，注意在遗精时不要中途忍精，不要用手捏住阴茎不使精液流出，以免败精贮留精宫，变生他病。遗精后不要受凉，更不要用冷水冲洗，以防寒邪乘虚而入，有伤身体。

二、注意自己起居

在日常饮食上，宜以清淡食物为主，忌吃辛辣刺激性食物，戒除烟酒，不喝浓茶，少喝咖啡等，避免神经系统过度兴奋；养成良好的卫生习惯，不用烫水洗澡。睡觉时宜屈膝侧卧位，不要把盖被子裹挟的太紧，特别是不宜压着外生殖器入眠，不宜将手置于生殖器部位。有些青少年喜欢穿着紧崩内裤睡觉，甚至还认为兜紧生殖器官会避免遗精。其实恰恰相反，由于外力挤压刺激生殖器，梦遗现象会发生得更频繁。所以说，起居有规律，正确的睡眠才可以让身体得到彻底的放松，同时才会减少遗精的发生。

三、不看不健康读物或淫秽录像

青少年平时应该把全部精力投入到学习中，而不要看一些色情图像及书籍，或谈论性幻想、有关性问题，尤其是睡觉前，以免引起性神经中枢过度兴奋。

四、远离“手淫”

一些青少年由于受外界刺激的影响或是看一些色情的读物后，大脑过于兴奋而无法抑制自己，常常在睡觉时摩擦自己的外生殖器，久而久之，就形成瘾。对于青少年来说，经常手淫，不仅容易使阴茎尿道受感染，而且还会因精神不振而导致精力不足，严重影响学习和身心健康。所以，为了自己的身心健康，广大青少年对“手淫”一定要敬而远之！

五、积极参加一些健康的文娱、体育活动

青少年平时可以多参加一些有益、健康的娱乐活动，以此来锻炼自己健康的体魄；在入睡前适当地做些俯卧撑、仰卧起坐之类的锻炼，这样可以调节大脑的注意力。只要有信心、有毅力，“遗精”的问题一定会不攻自破的。

第三章

正确认识社交

第一节 抛弃社交烦恼

1. 为什么不要太大方

你的困惑：我的家里条件不是太好，从小看着其他同学们吃与穿的“优越”，让我非常伤自尊。长大后，我的“大方”几乎让所有人都认为我是个“阔少”，这让我觉得花再多钱、说再多的谎言也是值得的，然而最近家中的亲戚在听闻我的事情后却指责我“穷大方”、“败家子”，为什么？不是说做人要大方吗？

我来为你疏导：

心灵故事之→

一个偏僻的小山村里，发生了一件当地不以为奇的事情：

大宝的母亲临死前怕送葬花钱欠债太多，于是，闭眼前千叮咛万嘱咐，告诉大宝死后一定不要发丧，否则就是不孝。大宝依嘱行事，偷偷把母亲安葬了。且不料走漏了风声，众亲戚纷纷而至，见了大宝就开始破口大骂：“你这混账东西，连母亲的丧礼都不肯花钱，要你这个不孝顺的东西有什么用？你娘地下有知怎么能瞑目啊……”“你这个畜生不要面子，我们还要呢！”甚至有的亲戚要动手上房揭瓦拆房。

最后，大宝只好屈服，四处借钱，重新举行了所谓在小山村有脸面的葬礼。亲戚们在丧礼上流着眼泪，分不清是兴奋还是伤心的窃窃私语道：“这下可为我们争来了面子，大宝他娘在九泉之下也能瞑目了。”可是他们却不曾想：可怜的大宝却因此欠下了4000多元的债务。死者及亲戚的面子给足了，可是活着的大宝以后该如何生活呢？

透视心灵深处→

所以说，“面子”是套在穷人脖子上的枷锁，穷人为它付出的代价太惨重了。对于硬“撑”起来的面子，虽然表面风光，实则内心苦涩。爱面子的心理往往让穷人戴上自制的枷锁，打肿了脸也要充胖子。打肿脸充胖子当然是给别人看的。别人有的，自己也要有。为了婚礼及丧礼的盛大隆重而欠下许多的债，因为“面子”毕竟不能顶债，生活质量下降在所难免。这种人对现实的认识不足，不甘于在人前“掉价”，所以就会自欺欺人。其实，“胖”还是“瘦”，自己最清楚。

穷人要挣脱这个枷锁，就要有理财观念。即使再少的钱，也要有计划地去支配。暂且不说让钱生钱，先使自己的基本生活有最起码的保障，再说发展。

所谓虚荣，是指表面上的风光无限而内心却是畸形痛苦的一种不良心理。青少年的虚荣心是一种追求虚表的性格缺陷，是一种被扭曲了的自尊心。过分的追求虚荣是道德责任感的一种不良的心理反应，其本质是谋私利己的情感反映。在这个世界上，每个人都需要自尊，都希望得到他人和社会的认可。但是，虚荣心强的人往往不是通过自己实实在在的努力，而是利用撒谎、投机等不良手段来获取虚名。

虚荣就如浓厚的乌云，它会挡住灿烂的阳光而使人蒙受虚伪的阴影；虚荣如波涛汹涌的河水会冲断人生的桥梁，使人犹豫不决、徘徊不前。据调查统计，大多数青少年都有虚荣心的表现。这种现象严重驱使了青少年的心理，使他们丧失了生活的基础，被扭曲了的自尊心呈现出了过分的虚荣表现，这是他们追求虚表的性格缺陷，从而使他们陷入勾心斗角的氛围中，因为一个人的虚荣心和另一个人的虚荣心是不能共存的，这是为了取得荣誉而表现出来的一种不正常的社会情感因素。

青少年一旦有了虚荣心，就如夏天突如其来的狂风暴雨，它会毫不留情地吹走你的谦虚谨慎、自知之明、沉着稳健，以及那颗纯洁明静的心。它会给你带来骄傲自大和盲目追求的心理，让你像棉絮那样漂浮不定，始终找不到目标，到最后你还是失败了。青少年朋友，不妨翻阅一下历史，从中你就会发现许多因为虚荣而失败的人。

有着强烈虚荣心的人，总根据个人的私欲去追求一种表面的、暂时的、虚伪的效果，甚至弄虚作假、敲诈骗取，这种不理智的行为完全丧失了自身的存在价值，其目的就是为了取得荣誉和引起别人的注意，进而得到周围人的赞赏和羡慕。简单地说，虚荣就是对道德荣誉的一种反动表现。

青少年产生虚荣心的原因有以下几个方面：

1. 爱面子。处在经济繁华的年代，有很多青少年都非常爱面子。他们会在朋友或同学面前说出很多不合实际的话语，他们也会为了实现自己的话而做出许多不合常理的事情来。这种现象严重影响了青少年的道德观。

2. 攀比心理。攀比心理对青少年的身心健康是极为不利的。有些青少年盲目的和其他同学攀比，这种现象很容易使青少年产生自卑、

失落、嫉妒等负面情绪，在攀比之下其心理很难得到平衡，就会不断地埋怨自己、认为自己无能。越是这样就越掩盖自己的缺点，然而其虚荣心就越强烈。

3. 不良性格导致。有些青少年比较外向，性格活泼开朗，比较善于交往。因此，这种类型的青少年为了引起别人的注意，喜欢在公共场合中表现自己、也就是爱出风头。而那些性格内向的青少年，由于不爱说话，但又害怕别人瞧不起自己，于是经常说出一些虚荣的话来掩饰自己不自信的内心，为了得到他人的信任就会做出虚荣的行为。还有一些青少年因为学习成绩不好，就会用夸耀自己的家里很有钱等方式来获得心理的平衡等等，这些不良的行为严重地恶化了青少年的纯洁心灵。

4. 不正确的价值观。由于青少年对道德品质认识的不够深，对人格的重要性不明了。会盲目地追求或显示自己的虚荣心，这种庸俗的思想行为往往只能迎来鄙视的目光，而受不到别人的尊敬和信赖。

解开心结→

从心理学的角度上来看，虚荣心是一种追求虚荣的性格缺陷或被扭曲了的自尊心。每个人都有自尊心，并且都希望能得到别人的认可，这是正常的心理需求。换个角度来看，虚荣心是不道德的社会心理病态，它常常使青少年们做出不成熟的行为。因此，青少年克服虚荣心是非常必要的。克服虚荣心主要从以下几点做起：

1. 青少年要认识虚荣心的危害。虚荣心较强的人，在心理上往往是自私、虚伪，这种表现与谦虚谨慎、不图虚名的美好品德是格格不入的。这种人都不思进取，对于自身的缺点总是想方设法去遮掩，而不是去改正。

2. 青少年要把握好攀比的分寸。青少年要保持清醒的头脑，面对现实、实事求是，根据自己的实际情况出发，认真地处理自己的事情。摆脱那些过于虚荣的心理困惑，克服盲目攀比心理。不要因为自己的某方面不如别人就试图靠找自己的长处来掩饰，要学会正视自己的不足，要知道立足于社会不是通过攀比个人价值来实现的。

3. 青少年要树立正确的荣辱观。在这个社会上，对于自身价值的实现是离不开社会现实的需要，青少年必须把对自身价值的认识建立在责任感上，对于那些荣誉、地位、得失要用理智的心态来面对。人生在世，要有一定的荣誉与地位这是正常的心理需要。但是，一定要正确理解权力、地位及荣誉的真正内涵。才能从中获取人生中最重要的东西。

4. 青少年要有高尚的道德情操。青少年的高尚情感，要用道德品质来规范自己的言行，用高尚的道德品质或人格来战胜虚荣心，洁身自好，重品德。同时青少年还要正确对待失败和挫折，必须从失败中吸取教训，从挫折中总结经验，并通过自己的艰苦奋斗，努力克服前进道路上的困难和障碍，树立起高尚的道德情操，这样才有可能实现自己的远大理想和抱负。

最后，青少年战胜虚荣心的主要方法就是要不断提高自己的修养、完善自己的人格、在困难和挫折中总结经验，从而走向人生的最高点。

2. 为什么“妒火”烧了心灵

你的困惑：他（她）为什么比我学习好？为什么老师和同学都喜

欢他（她）？我恨他（她），恨他（她）所拥有的一切，美貌、身材、智慧……

我来为你疏导：

心灵故事之→

很早以前，有一个叫维利的人，非常嫉妒隔壁的邻居，当邻居高兴的时候，他就不高兴；邻居因为做生意发财的时候，他就不痛快；因此，他每天都祈祷邻居家着火或盼望邻居得什么绝症，甚至盼望邻居的儿子夭折……然而事与愿违，每当他见到邻居时，邻居总是过得好好的，并且友善地与他打招呼，这时他的心里就更不是滋味了，恨不得一刀把邻居给劈了。就这样，他每天痛苦地折磨自己，身体一天不如一天，胸中就像堵了一块石头，吃不下也睡不着。

终于有一天他实在忍不住了，决定给他的邻居制造点晦气，于是，他就到花店里买了一个大花圈，并小偷小摸地给邻居家送去了。当他走到邻居家门口时，就听到屋面有人在哭。这时，邻居正好出来，看到他手里拿着一个花圈，忙说：“维利，这么快你就过来了，谢谢!”从邻居口中得知他的父亲刚刚去世。这个叫维利的人顿时觉得无趣，和邻居说了两句话，转身就走了。

透视心灵深处→

上面这个例子中的主人就是出于嫉妒之心，把自己的心灵置入到地狱之中，把自己折磨来折磨去，最后却一无所得。

嫉妒是人的一种天性，它是人际关系中较为普遍的社会心理和情绪心理的表现。一个人如果产生了嫉妒心理，那么他常常会以“自己”为中心，看不见别人的优势也发现不了自己的不足，整天满脑子的都是为什么别人比自己出色，其结果只能是自寻烦恼。如果让嫉妒心理长存心中，那么，嫉妒心理就会演变为嫉妒行为，最终就会害人又害己。

嫉妒心是指别人在某方面比自己出色，并认为别人的优势会损害自己的利益，在心理产生的忌恨与不满。这种不良情绪往往是从侧面流露出来的，这是嫉妒心理的表现特点。每个人都有嫉妒心理，只是嫉妒的程度不同而已，所以在生活中嫉妒处处存在。比如：兄妹之间存在着嫉妒、朋友之间存在着嫉妒、同事之间存在着嫉妒等等。

在现实的生活中，尤其不够成熟的青少年最容易产生嫉妒心理了。如别的同学家庭条件好，穿着好看的衣服，背好看的书包，其他同学比自己学习好等等。这时，嫉妒就像幽灵似的困扰着青少年的心灵，践踏其可贵的友谊。

每位青少年都是争强好胜的，如果父母或老师不给予正确引导，那嫉妒心理就会把青少年的心灵拉入地狱。在现实生活中，如果遇到别人比自己幸运，心里就会很不是滋味。如有的青少年看到别的同学比自己成绩好，其他方面的能力也比自己强，生活条件也比自己优越，受到的表扬和得到的荣誉都比自己多，就产生嫉妒和不满；嫉妒是阻碍青少年前进的拦路虎，嫉妒的人总是拿别人的优点来折磨自己。其实，现实生活中有很多问题都很复杂，青少年难免会遇到各种各样想不通的问题，这都是在所难免的，在遇到这种情况时，嫉妒要像闪电那样瞬间即失。否则，只会给你带来更多麻烦，百害而无一利。

青少年产生嫉妒心除自身的原因外，还有一点就是如果老师处理问题不公平或心理上有偏爱，对某些同学因为成绩差而有成见等等，都有可能产生矛盾，甚至会使一些学生因怨恨而产生嫉妒心理。

有嫉妒心理的青少年往往高傲自大。所以在心理上就容不下比他出色的人在。如果看到周围的人有比自己优秀的，就会想方设法去贬低对方或者设置陷阱去坑害对方。进而排除别人优于自己的方面来解除心中的愤恨，从而达到在心理上的平衡。这些不良的行为严重扭曲了青少年的心态。

青少年的嫉妒心是怎么产生的呢？

1. 心胸狭隘。如果青少年没有宽容之心、厚道之道、团结友善等优良品质，那么在生活中就缺少基本道德品质，当遇到自己不能解决的事情而别人轻而易举的就能解决时，就容易燃起嫉妒之心。

2. 受生活环境的影响。在日常生活中，如果成人之间互相猜疑、互相贬低，有时候在家里讨论某位同事因工作出色而表示不满等等，这些都潜移默化地影响着青少年的心理。

3. 过多的夸奖。父母或其他亲人过分地炫耀和夸奖他们，这也容易使青少年产生了自命不凡的心理，在他们心里无形心中就产生一种不允许别人超过自己的心理，否则就会心生嫉妒或迁怒别人。

心存嫉妒对青少年的健康成长会带来哪些危害呢？

1. 嫉妒的突出表现就是中伤别人，损害别人的自尊心，打击别人的进步，这不利于同学之间的正常交往。在特定的条件下便以各种消极的情绪、情感和有害的行为表现出来，并外化为种种邪恶的力量，造成一些无可挽回和令人痛心的危害。

2. 危害身心健康，恶化同学关系。心理经常处于紧张焦虑状态，不仅影响学业进步，影响身体健康，更会影响其健康人格的形成。嫉妒会使人心胸狭窄，目光短浅。

3. 嫉妒不仅危害别人，也危害自己。嫉妒潜移默化地磨灭青少年奋发向上的锐气，倘若一名青少年长期处在嫉妒的心境之中，那么他

就会在内心深处产生一种压抑感，给自己造成莫大的心理压力。

解开心结→

现在大多数家庭都是独生子女，他们享受着优越的物质生活的同时也受到父母的精心呵护和关爱。然而，青少年在健康成长的过程中总会遇到复杂多样的问题，嫉妒就是其中之一。嫉妒可能会摧毁青少年的理智或扭曲他们的人格。由此，青少年若心生嫉妒之时，必须要及时控制。方法如下：

1. 要走出自我狭隘的小圈子，做个明白人。青少年在成长的过程中，时时会发现自己周围的同学正在超越自己。如果你能为他们的进步而高兴，并能为有如此出色的朋友而感到骄傲和自豪时，那么你就走出了自我狭隘的小圈子，你就具有了一种宽广的胸怀，这种胸怀对于你将来的成功十分重要。如果说嫉妒心理代表着一种平庸和狭隘，那么能够积极地容纳别人和欢迎别人超越自己的态度则代表着一种高尚和善智。

2. 要建立起自我丰富的内涵。嫉妒是一种害人害己的危险心理。要克服人性的这些褊狭、自私和平庸的弱点，就应该用人类的智慧和知识来充实自己，使自我的内心世界更加丰富。

3. 提高自身的竞争意识。有嫉妒心理的青少年，把这种心理转化成竞争的动力，并通过竞争来提高自己各方面的能力，通过自己的不断努力来超越对方，久而久之，就避免了嫉妒心产生的消极影响。

4. 要开阔胸襟，扩大视野。有嫉妒心的青少年不要斤斤计较，在心中一定要有一个“度”。世上没有十全十美的人，对于有些事情我们可能会力不从心。所以，这时要做的就是面对现实，放宽自己的心胸，扩大视野，用一种高尚的思想来看待一切，嫉妒心慢慢地就会

消除。

5. 要善于取他人之长，补自己之短。在学校的学习和生活中，每个人都要在具有竞争气氛的学习生活中客观地对待自己，摆正自己的学习态度。不要把学习中最优秀的同学仅仅看成是与自己有竞争关系的对手，而要看成是促使自己进步的动力。在与他人相处的时候，不要仅仅拿自己的长处和别人的短处去比较，而要注意发现别人的长处，弥补自己的短处。只有这样才会有长进，才会使学业和思想都能达到一个更高的境界。

中国古代有这样一副对联，叫做“欲无后悔须律己，各有前程莫妒人”。希望有嫉妒心的青少年读读此联，然后，不断地的反思自己，并改善自己的不良行为习惯。人生在世，重在不断的自我完善，而不是击倒他人。俗话说好：“临渊羡鱼，不如退而结网。”青少年们要用正确的态度来引导自己不甘落后的进取精神，做一个道德高尚的人，不断地调整心态、超越自我，尽早地跳出嫉妒的深潭，为自己美好的明天而努力奋斗。

3. 为什么社交恐惧症缠上了我

你的困惑：很多青少年都有这样的反应，怕与人交往，怕发言，怕别人注视自己，在公共场合，紧张得脸红、发抖、出汗，或者因为担心而浑身僵硬，直挺挺地愣在那里。严重影响了学习和同学之间的关系，那么这究竟是怎么回事，又该如何克服呢？

我来为你疏导：

心灵故事之→

故事之（*1*）

何艺从小性格就内向，自尊心也特别强，所以学习成绩一直也很好。可是，最近她总以为别人时刻都在用鄙视眼神的看她、评价她，所以她担心自己会出什么差错，否则，会让人看不起。后来，她暗恋上了班内的某个男生，但又不敢表露出自己的爱慕，还怕别人知道这个秘密。有一次，好朋友给她开玩笑说："我知道你爱上他了，你别藏在心里啦!"她一听心里急得发慌，担心别人会对她评头论足。从此以后，她见人就躲开，不愿理会别人。有人找她聊天、玩耍，她就面红耳赤、心慌意乱，而且说话也语无伦次，最后导致一见人就担心害怕。

故事之（*2*）

"要我上台发言，还不如把我杀了。"面对老师的责问，周舟说出了这样的话。

周舟是名高中生，他性格内向。上初中时，由于爱斜着眼看同一排的女生，引起了对方的反感。调换座位后，仍无法改变这种行为，后来连男生也不愿意坐在他旁边了。从此他便认为世上最难打交道的是人，十分害怕与人交往。

每次遇到同学必须轮流上台发言，他就装病逃学，也不敢面对朝夕相处的同班同学说话。周舟显然是得了社交恐怖症。

透视心灵深处→

恐惧是人类及心理活动的状态，也是一种情绪的不良反应。从心理学来看，恐惧是有机体企图摆脱、逃避某种情景而又无能为力的情绪体验。青少年时期在交往中最容易出现这种恐惧心理，这种现象男女生都可能出现。青少年渴望得到友谊，在心理上希望能广交朋友。但是有些青少年在实际交往时，就出现了不敢见生人、和别人交谈时面红耳赤等不良的恐惧反应，精神系统都处于紧张的状态，这就是青少年时期的社交恐惧。

青少年在社交时出现的恐惧心理主要以自闭、恐惧、焦虑为主的综合心理障碍。它的表现形式是不敢交友、害怕社交的一种自闭心理；有些青少年有社交的欲望但得不到满足，因此就会产生焦虑、孤独、害怕面对挫折的恐惧心理。由此他们开始逃避现实，总是觉得没人注意的地方才是最安全的。其实，社交恐惧的特点是强迫性的恐怖情绪，在心理想象出恐怖的情景来自己吓自己。

“社交恐惧症”又称见人恐怖症，是恐怖症中最常见的一种，约占恐怖症病人的一半左右。社交恐惧症是一种对任何社交或公开场合感到强烈恐惧或忧虑的精神疾病。他们在公共场合把注意力过于放在周围的环境上，对外界的刺激非常敏感，有一种显著且持久的恐惧，害怕自己的行为或紧张的表现会引起羞辱或难堪。表现为怕与人见面、谈话，见人就紧张，面红耳赤、颤抖，因之常独居屋内避不见人。社交恐惧症常常会导致口吃、植物性神经功能紊乱甚至兴奋性晕厥等并发症，影响人们的正常生活和工作状态。

产生社交恐惧的原因

1. 处于青春期这一特殊阶段，青少年有着特殊的心理矛盾。迈入青春期的中学生，心理上需要与他人交往，尤其是与异性交往，但同时又有一种胆怯与羞涩心理，这就在他们心灵上引起了严重的不平衡。他们渴望与异性交往，但是同时又害怕父母与老师以及同伴的误解，于是产生了严重的心理冲突。而面对这种冲突，大多数人选择的是逃

避，回避与异性的交往，回避别人的目光。然而，这种办法常常又加剧了他们内心的紧张和压力，使他们对迎视他人的目光也产生了焦虑的情绪，慢慢的发展为同性之间，最后成为社交恐怖。

2. 经受过挫折。俗话说：“一朝被蛇咬，十年怕井绳”。一般青少年出现社交恐怖的心理来源于往日的直接创伤经历。他们在交往过程中屡次遭受失败和挫折，就容易在心理上产生沉重的打击，在情绪上产生不愉快的心理表现。时间久了，自然而然就会形成一种紧张、焦急、不安、恐惧等不良的情绪状态。

3. 对于自我的过分关注。青春期开始后，有些青少年总觉得自己什么地方“与别人不一样”，但自己又说不清楚，这种想法常常使他们对于自身的情况疑神疑鬼，一到公共场合就觉得别人在说自己、议论自己，非常害怕别人从自己身上看到什么不对的东西，于是神经一直处于紧张状态。在这种精神状态下，他们虽然心里想给人留下大方得体的印象，结果却常常是手足无措、语无伦次。这种情况长时间的持续会演变成一种惯性反应，最后成为社交恐惧。

4. 不良的性格所导致的。有社交恐惧的青少年与不良的性格也有密切关系。像那些有害羞、依赖、胆小心理的青少年就容易产生过度的焦虑和紧张，所以，这种类型的青少年在交往时就会被个性左右，多思多疑成了他们社交恐惧迅速滋生的土壤。

5. 受别人的影响所产生的恐惧。如有的青少年看见或听别人说在交往中所遭受的挫折及困境，听后自己就会感到痛苦和害怕。于是就产生情绪紧张、焦虑、恐惧，由于情绪的繁衍化，导致了出现社交恐惧心理。

6. 内心矛盾所导致的恐惧。青少年时期由于性生理的日渐成熟及觉醒，开始产生对异性充满好奇或好感，于是想接近异性。但由于父母管教太严，也不提倡异性交往。导致青少年内心压抑、没有倾诉对象。久而久之，就形成了不协调的心理冲突，不敢与异性对眼神，害怕与别人讲话，上课也不认真听讲，出现忧郁、烦闷的不良情绪表现。

社交恐惧症易患人群

1. 过度追求完美。对自己要求过高，希望自己在所有人面前、在任何场合、在各个方面都表现得完美无缺，得到别人的称赞。但是再怎么努力也无法达到理想的状态，这样反复的挫败感造成了社交中的紧张。

2. 性格严重内向。内向者安静、内省、不喜欢接触人；自我封闭严重，时间长了，就会产生对于公共场合的恐惧心理，不知如何自处，如何交流。

3. 自卑心理严重者。他们大都对自我的评价过低，认为自己处处不如别人，羞于与他人比较，从别人的眼光中看出别人对他（她）厌恶、憎恨或别人也不自然了，不愿与他（她）继续交谈，因此就更加紧张害怕。

解开心结→

和以往相比，“社交恐惧症”除了患者人数增加外，还有往低龄化发展的趋势，有不少甚至是学龄前儿童。社交恐怖是一种由心理因素造成的问题，只要用心理学的方法积极加以调适，是可以解决的。对于预防和治疗青少年的“社交恐惧症”，我们提出以下几点建议：

一、树立正确的交往心态

对于有社交恐怖问题的中学生，首先应帮助他正确认识青少年异性交往的常见心态。处于青春期开始想要引起异性的注意，但却又对此产生着一定的恐惧与羞怯感，这是青少年心理发展的一个正常现象。随着年龄的增长，人越来越成熟了，这种羞怯感也就会渐渐消失了，与异性交往便成了一件自然而然的事情。有些学生特别是性格内向的学生与生人和异性说话不敢抬头，这也是正常的现象，但是如果是在此程度上恶化下去，就会走入社交恐惧症的范围。所以要树立起良好的心态，对与异性交往有一个正确的认识。同时，要注意与生人的互动性，打破害羞的顾虑。

二、树立自信心

社交恐惧是自卑心理的一种行为表现。很多社交紧张者就是因为不悦纳自己、对自己不自信造成的。所以，要改变首先就得在心里接受和悦纳自己，树立起对自我的信心。学会客观地看自己。不否定自己，欣赏自己，不断地告诫自己“我是最好的”，“天生我材必有用”等信条，扬长避短，勤奋努力。同时不要对自己要求太高。过于追求完美，就容易患得患失，太在意别人对自己的看法，一心想要得到别人的承认，从而迷失自己。接受自己的现况，不要去管别人怎么看，你越害怕出错，就越会感到手足无措。

三、改善自己的性格

一般害怕交往的青少年大多都是比较内向的，这种类型的青少年要注意锻炼自己的性格。多参加一些有益的公益活动，要积极主动地与同伴或陌生人交往，慢慢地你就会改掉羞怯、恐惧的不良心理，进而使自己成为一个开朗、乐观、豁达的人。

四、学会与别人交流，进行情景练习

青少年要把握好时机，在合适的场合充分地展示自己的优点和长处，快乐时与朋友一起分享，不愉快或有困难时向朋友诉说。时间久了你就会体会到友谊的价值。

要勇敢地走出自我封闭的圈子，不妨给自己定一个计划，先和熟悉的人交谈，然后循序渐进，最后达到和陌生人交谈。要多参加集体生活，培养在公众场合表达意见的勇气。如果实在难以做到这一点，可以在家里，每天拿10分钟左右的时间，站到镜子前面，看着镜中自己的眼睛，对自己大声说道："我相信自己可以轻松与人交往"、"我不怕任何人，我要表达自己、改变自己！"如此反复多遍，要细细地体验自己内心所发生的变化，感觉一下自己是否相信这句话。

五、勇敢地去面对

要克服社交恐惧症的最好办法就是去勇敢的面对他。就像一位心理学专家指出的那样："我们害怕的其实并不是事物的本身，而是我们自己！"关键就是看你能不能战胜自己，勇敢地迈出第一步！勇敢地去面对！人都是生活在一定的群体和环境中的，不可能脱离社会而生存，我们必须要与人交往。而社交恐惧症往往使你表现出逃避的心理，其实，逃避并不能消除紧张，相反，它会使你感到自己的懦弱，使你责备自己，以致下一次会更加紧张。所以当你想要逃避正常的社交行为时，要在心里多想一想，为什么会造成这个样子，是什么原因造成的，你可以用什么方法去解决，要认识到逃避无济于事，而要振作精神，能解决的就解决，不能解决的则尽力忘掉它。

此外，还要掌握一些社交技巧。有社交恐惧心理的青少年，要与善于交往的人接触，你可以从他们身上学到有关社交的知识和技巧，来弥补自身的缺点和不足。

社交是每个人生存的本能需要，所以当你存在社交方面的障碍时，不要逃避，要勇敢的面对，只有这样才有可能走出社交障碍的困扰。

4. 为什么多疑有碍快乐交往

你的困惑：有同学主动接近你，想与你交朋友，你却冷漠视之。其实不是你不想交他这个朋友，是因为你怀疑他的真诚；如果看见两个同学在窃窃私语，就以为在说自己的坏话；别人无意之中看自己一眼，以为别人不怀好意，别有用心……你是否也在受这种情况的侵扰，该怎么处理呢？

我来为你疏导：

心灵故事之→

从前有个做官的人叫乐广，他经常和一个朋友一起喝酒聊天，但是有段时间那个朋友一直再没有来过，乐广十分惦念，就登门拜望，这才只知道原来朋友生了重病，就问他的病是怎么得的。朋友支支吾吾不肯说。经过再三追问，朋友才说："上次在您家喝酒，我看到酒杯里有一条蛇再游动，当时恶心极了，想不喝吧，您又再三劝饮，出于礼貌，就闭着眼睛喝了下去。回到家里，我越来越疑心刚才饮下的是有蛇的酒，又感到随酒入口的蛇在肚中蠕动，觉得胸腹部疼痛异常，难以忍受，吃饭、喝水都非常困难。"

乐广很是奇怪，酒杯里怎么会有小蛇呢？但他的朋友又分明看见了，这是怎么回事儿呢？回到家中，他在客厅里踱来踱去，突然，北墙上的那张红色的弓引起了他的注意。他立即坐在那天朋友所在的位置上，取来一杯酒，也放在原来的位置上。结果发现，酒杯中有弓的影子，不细细观看，确实像是一条蛇在蠕动。乐广马上把朋友接到家中，让他坐在上次的位置上，给他斟了满满一杯酒，问道：“您再看看酒杯中有什么东西?”那个朋友低头一看，立刻惊叫起来：“蛇!蛇!又是一条青皮红花的小蛇!”乐广哈哈大笑，指着壁上的弓为他解释了原委，朋友弄清原委后，疑虑立即消失，病也很快痊愈了。

这就是“杯弓蛇影”的故事，后人常用来形容疑神疑鬼，自相惊扰的人，这往往和遇事者多疑的性格有关。

透视心灵深处→

多疑是指神经过敏、心中产生疑神疑鬼的消极心态。它是在主观意识上产生的一种不信任的心理。多疑的人喜欢把对事物的认识固定在一个框架中，然后把那些无关紧要的东西联结起来，并用客观原因来证实自己的推断。最后把自己推入迷惑的世界里，不能自拔。据心理学研究表明，多疑是属于偏执型的性格缺陷。多疑心理形成之后，一般是比较顽固、任性的，它是导致偏执性格障碍的主谋，所以，青少年需要警惕，不要让自己染上这种心理疾病。

多疑心理可以是自我怀疑，也可以是怀疑周围的人，这种不良的心理严重影响了青少年们的正常生活和学习。具有多疑心态的青少年往往会固执己见，他们通过自身的“想象”把生活中无关紧要的事情凑合在一起，把别人无意间的言行举止，误认为是对自己怀有敌意或迫害的心理，在没有足够的证据时就怀疑别人欺骗自己，甚至把别人的好心好意理解为阴谋诡计。于是，导致在人际交往中自筑鸿沟，最终反目成仇。

著名的哲学家培根曾说过：“猜疑之心犹如蝙蝠，它总是在黑暗中起飞。这种心情是迷人的，又是乱人心智的。它能使人陷入迷惘，混淆敌友，从而破坏人的事业。”在日常生活中，我们常常会碰到一些疑心重重的人。比如，对他说一句问候的话，他也再三品味“言下之意”；你无意中的一个玩笑，他就会认为你是笑里藏刀、不怀好意；看见两个人小声说话，他就猜想是在议论自己的缺点等，这些生活中的小细节常常令疑心较重的人左思右想。那种高度的警觉性和冲动的性格，令人不得不敬而远之。

单纯的多疑在成为一个人的行为习惯之前，通常是在误会别人的情况下发生的。比如有些青少年自认为在某些方面不如别人，因此，他总认为别人会看不起自己，处处算计自己。如果别人在和其他人说话时对他投来了不经意的目光时，他就认为别人在说有关自己的坏话；或者有人跟他开善意的玩笑，就怀疑别人对自己有成见等等。具有多疑心态的青少年常常“疑心生暗鬼”，常用主观的想象来代替客观的事实，产生一种忿恨的报复心理。

有多疑心的青少年一般是在孩提时受有过痛苦的经历，缺乏与家人的感情交流，逐渐形成对任何人都不信任。这种类型的青少年往往自恃清高、心胸狭窄、神经过敏，遇到任何事时总喜欢往坏处想，总觉得任何人都在和自己作对，从而产生攻击性的言行，导致在家不能与亲人和睦相处，在外不能与同伴打成一片，人际搞得关系不融洽。

多疑和猜疑是不相同的。由于多疑而不相信别人，在猜疑中局限了交往范围，因此，就会失去青少年应享受的欢乐，同时损伤和别人之间的感情。多疑，像一条无形中的锁链，束缚着我们的手脚。

猜疑心理只是一般的怀疑，然而这种怀疑有可能纯粹是神经过敏所导致的，也可能是符合客观事实的。青少年要想让情绪的表达合乎常理，既要保持喜怒有常也要保持喜怒有度，不要随心所欲。特别是在情绪不好时，更不要随意迁怒于他人或意气用事，否则，后果将会不堪设想。

一般正常的情况下，猜疑心理是人皆有之的，这不属于心理问题。然而，多疑则是猜疑的极端表现，绝大多数有多疑心理的青少年都是无端生疑，这样不仅在心理上产生更多的猜疑，而且纯粹是心理失衡的极端表现。所以，青少年要远离这种不良的心理误区，快乐、自信地面对身边的每一个人，为你们的友谊搭出平稳的桥梁。

青少年产生多疑的原因：

1. 在过去的生活中经受过挫折。有些青少年可能曾经受过别人的欺骗或遭受过挫折，由于经不起沉重的打击，从而不相信任何人，对朋友也失去了应有的信任。

2. 片面的认识。有些青少年由于性格内向，不善于交往，缺乏主观意识。由于自卑心理的原因常常认为别人对自己不满，怀疑别人背后议论自己等等。

3. 与世隔绝。整天待在家里，很少和外人接触，对外面的世界感觉很陌生。因此导致害怕与别人交往，从而产生更多的不信任和戒备心理，这也是产生多疑心理的原因之一。

解开心结→

在这个世界上，任何人都不愿意与一个多疑的人交往，因此，对于青少年来说，建立良好人际关系首先要消除多疑心理，做一个心胸开阔的人。

1. 认识多疑的危害，加强自身修养。青少年要全面认识多疑的危害及不良后果，克服多疑心理，用宽阔的胸怀，友善的态度与别人交往，你就会得到人生中最重要的情感——友谊。

2. 用信任赢得真正的友谊。青少年要用信任的态度赶走多疑的心

理，慢慢地就会走出心胸狭隘的心理。然后用真诚的心与同学交往，抛弃偏见和不信任的态度，最终你会赢得真正的友谊。

3. 青少年要树立自信心。首先青少年要相信自己的能力，相信别人能做到的你也能做到。这样，你就会全心全意地投入到学习和生活中，多疑的心理自然就消失了。

4. 正确看待自己的缺点和不足。多疑的青少年多是因为自己身上的缺点和不足，青少年不要过于把注意力停留在自己的不足之处，你要知道这个世界上没有十全十美的人。

总之，青少年消除多疑心理就需要理智地思考问题、积极的自我暗示。不管在任何时候，都要用自信友善的态度与人交往，这样不仅会赢得别人的尊敬，还会赢得别人的友谊，从而培养自己开朗、豁达的性格。

5. 为什么不能接受别人的批评

你的困惑：青少年往往不能接受别人对自己的批评，不能听到任何对自己的质疑与否定的声音，即便是自己喜好的事物，也不允许被质疑、被指责。其实，这是一种十分有害的狭隘心理，必须要克服。

我来为你疏导：

心灵故事之→

有一次，爱德华·史丹顿称林肯是“一个笨蛋”。因为林肯为了讨好某个自私的政客，就签署一道命令转移某些兵团。史丹顿不仅拒绝执行林肯的命令，而且大骂林肯签发这种命令是笨蛋的行为。有人忙不迭地去报告总统，而林肯却平静地说：“如果史丹顿说我是该死的傻瓜，那么我一定是。因为史丹顿一向是对的。我得过去看看这到底是怎么回事，我究竟错在哪里。”林肯果然去见史丹顿，知道自己真的签发了错误的命令，于是收回了成命。从此事可以看出林肯是一个善于接受批评之人，只要是诚意的批评，林肯都非常欢迎。可见，只要批评是出于善意的，而且言之有物，它的作用比赞美还要大。

透视心灵深处→

好听赞美之言，好闻顺耳之话，这是人之常情。和许多成年人一样，青少年也喜欢表扬而反感批评。在法国许多家长和教师普遍认为，那些在孩提时代难以接受批评的青少年，长大后，也大多会对批评持“敬而远之”，或干脆“拒之门外”的消极态度，他们会逐渐因为拒绝批评而变得自负。人不能自负。尤其对青少年来说，应该建立自信心，自信可以激发他们的斗志，使他们能勇往直前。但是，自信又必须建立在客观现实的基础上，脱离实际的自信不但不能帮助人们成就事业，反而影响自己的生活、学习、工作和人际交往，严重的就变成自负了。西方有句谚语：恭维是盖着鲜花的深渊，批评是防止你跌倒的拐杖。听惯了谀辞的人常常狂妄自大，只有虚心接受批评，才能改正缺点提升自己。所以，青少年必须要具有善于听取别人批评的品质。

比尔·盖茨认为，一个人无论什么时候都要虚心接受批评，尤其是成长中的年轻人。但是在现实当中，能做到这一点的青少年又有几人呢？他们在接受别人批评的时候，一般都会在脸上表现出一些不自在的表情，心理或多或少存在一些抵触和不满，哪怕是别人批评得对，也要在批评者的言谈话语里找出那么一丁点不恰当的语言，为自己狡辩几句。

解开心结→

那么，怎样才能虚心接受别人的批评呢？

大多数青少年都希望别人重视他们，一旦做了什么事，就希望获得别人称赞。如果别人说他们的错处，便觉得受了委屈，或怒气冲天。于是，朋友们便往往不敢将你的弱点说出来，他们或者是称赞，或者是默默无语。但有时候他们提出的批评并不是针对个人，而是对其做事或是对人态度的不满，他们的批评是对我们的建议，并不是无中生有的挑剔。聪明人会微笑着接受，因为他们可以从中知道自己的缺点与不足，以便能逐步弥补和改掉，从而不断地完善自己；而愚蠢的人则对此不屑一顾，甚至对人心怀怨恨。

俗话说：良药苦口利于病，忠言逆耳利于行。如果你真的明白良药苦口这个道理，敢于坦然去接受药的苦味儿。那么，我们就很容易接受别人的批评了。其实，凡是有头脑的人总是时时警惕自个儿不是完美的人，他晓得自己有缺点。批评是发现缺点的一种好方法，是应当受欢迎的。批评是一种恩惠，是在帮助自己认清看不到的那一面。正如富兰克林所说：“批评者是我们的益友，因为他点出我们的缺点。”

生活中免不了挨别人的批评或指责，如何回应别人的批评是一个重要的技巧。青少年如果不经过深思熟虑就回应批评，很容易造成不必要的麻烦。但是，只要我们愿意用双眼认真观察，双耳用心聆听，用心去领悟，用智慧去剖析，用真理去分辨，用足够的决心和恒心去面对，我们一定会使自己接近完美。当遇到别人的批评指责时，请先考虑下面的问题：

1. 摆正心态，直面批评

批评不管是出于什么目的，不外乎有两种情况，一种是批评的对，一种是批评的不对。但是不管是对哪种批评，都不能立刻做出反驳。如果因为别人的批评，使你感到愤怒或者自尊受到伤害而立即回应的话，你可能会很快感到后悔。所以，在回应别人的批评之前，要先耐心的使自己冷静下来，然后再做回应。经过考虑之后，对的批评要善于接受，因为这有助于改变自己的缺点，对于不断改造自己、完善自己是至关重要的。当批评是错误的时候，这时自己可以忽略它，并认为这个批评是毫无意义的。如果青少年学会以静制动，那么错误的批评就会毫无作用。所以，面对批评，调整自己的心态最重要。

2．应当锻炼一副“厚”脸皮

在生活中，偶尔有一副“厚”脸皮，未尝不是一件好事。不可对一点批评就忧心忡忡，差不多就崩溃了，要有不怕丢脸的精神，敢于面对别人的批评。但是，这也要把握一定的度，不要到了麻木不仁的地步，否则将会比不接受别人的批评更为可怕。脸皮不可太薄也不可太厚，要学会接受别人的批评以求自己进步，无论批评者的动机如何，我们总可以从中获得一些益处。只要敢于面对批评，就会有进步。

3．重视别人的批评

很多人都听过这样一个故事：有一位香皂推销员，主动要求人家给他批评。当他开始为高露洁推销香皂时，订单接得很少，他担心自己会失业。他确信产品或价格都没有问题，所以问题一定是出在自己身上。每当他推销失败，他会在街上走一走，想想什么地方做得不对，是语言不够有说服力、还是热忱不足？有时候自己得不到答案，就回去问的商家，让他们告诉自己，到底自己哪个地方做得不好，请他们指证。他这个态度为他赢得了许多友谊以及珍贵的忠告，他的业务水平得到了快速的提高。很快，他的销量业绩就上去了，而他的这种竞业精神却一直保留了下来，最终他被任命为高露洁公司的总裁，他就是立特先生。如果想让自己进步，就需要重视别人的批评和建议。这是立特先生通过自己的成功经验总结出来的。

每个人都希望得到别人的赞美。当别人对你说好听的话时，你会觉得高兴；当别人批评你的时候，你就会觉得难受。但是，如果我们只听到别人虚伪的赞美和歪曲的谄媚，就会飘飘然而自得，怎么可能会取得进步呢？

4. 接受批评时，要保持平静，带着微笑

其实，大多数的批评的出发点是好的，所以，在接受别人的批评时记得保持平静，用智慧去思考及衡量。别人给你提出批评，无疑是想让你改正，别人批评我们的时候其实也是在冒险，因为批评一个人的同时也可能成为了别人的敌人，更有可能被人责怪。善意批评者是伟大的，所以我们要报以微笑，只有微笑可以使我们更轻松，也会让事情朝着积极、向上的方向发展。在对批评分析后，知道什么是对的就要赶紧改正，这就是感激别人的最佳方法，这也是一种感恩。

青少年要善于接受别人的批评，无论何时何地，都要经常反省，虚怀若谷，不可唯我独尊，妄自尊大。

6. 为什么心中苦闷无处说

你的困惑：家庭的重担，家族的寄托几乎压得我喘不过气来，成绩稍微有些滑落，父母就会对我长篇大论，我能做的只是低头不语。

这个世界上没有人真正了解我，我也不相信任何人，所以，我的所有苦闷与忧愁只能与日记分享，与孤独分享，我的心近乎崩溃了。

我来为你疏导：

心灵故事之→

司文是某校高三的学生，他自幼学习成绩非常好，父母把希望都寄托在他的身上，希望他能考上名牌大学。因此，母亲每天晚上都陪他看书、学习到深夜。由于司文在过重的学习及家庭的压力下，他觉得自己的精神快要崩溃了，甚至有不想参加高考的念头。他的心情十分压抑，总是不能安心的学习，性格也逐渐变得孤僻、易暴躁，以至于每天很晚了还是不能入睡，这种不良的情绪使他的成绩更是一落千丈。最终，还是没能考入理想的学府。

透视心灵深处→

压抑是现代社会较为普遍的社会心理。在心理学上，它是指个人受挫后没有将变化的思想和情感释放出来或是转移到其他别的地方，而是将这种心理表现压抑在心头，不愿承认自己烦恼的存在。

一个人受到挫折后不能把这些不愉快的经历排斥到意识之外，堆积在潜意识里，像是当我们陶醉在童年故事中时，很想开怀大笑但却因某种原因而又不敢在现实生活中放声大笑的情境，这就是在压抑自己的情绪。

压抑的心理一般来源于外部环境，也有可能是来自自身的原因。在生活中，青少年要学会适当地控制自己的情绪，但不要压抑自己的情绪。因为，每个人的情绪是不会自然消失的，如果你强行的压抑情绪会让你的心灵深处受到创伤。这种创伤可能会使你颓废，甚至还有厌世的心理，从而对生活失去信心。

每个人在生活的海洋中努力拼搏之时，都会面临两种状况，或成功或失败。如果失败了可能会导致沮丧，然而，沮丧的心理最有可能导致情绪的压抑。要知道，人的一生不可能是一帆风顺的，如果心情不好或情绪不稳定时，要采取积极的方式来宣泄自己的不良情绪。如与朋友交谈、听些愉快轻松的音乐、参加一些娱乐性的体育活动等，也可以适度地大哭一场，切不可压抑。因为压抑只是起到暂时减轻焦虑的作用，它不能把那些不良情绪完全消除，却是会变成某种潜意识，使人的心态和行为变得更为消极。

对于青少年来说，生活环境的不协调或经受过多的挫折都可能产生压抑的心理。原因如下：

1. 日常生活中的压抑。青少年在生活中必然要面临学习、生活等事情，如果自身的能力不能承担这些正常的实践任务或者经常过度地学习和生活，那么就会感到痛苦和压抑。例如：有些青少年面对繁重的学习负担及成绩下降，就会有压抑消沉等消极表现。

2. 日常的行为规范产生的压抑。行为规范是调节、约束人们的行为准则。如果青少年有太多的行为规范或对自己的要求过于严格，然而，这些行为规范与你的接受能力相差甚远，因此极容易产生压抑的心理。

3. 人际交往产生压抑。有些青少年性格内向，不爱说话。在学校的大家庭中因为自己性格孤僻、内向，不能被别的同学接纳。因此，内心比较孤独、忧郁而产生的压抑心理。

4. 自身的条件产生的压抑。有的青少年因为自己长的丑陋或者有其他的身体缺陷而产生自卑、忧郁等压抑心理。有这种心理的青少年总认为别人会看不起自己，其在这种消极的自我暗示中会变得自闭或

自暴自弃。

解开心结→

青少年如何战胜压抑的心理呢？方法如下：

1. 要正确的看待自己。如果青少年遇到挫折时，要先找出自身的主观原因，用自己的特长去弥补自身的不足；相信这个世上没有“十全十美的人”，每个人都有优点和缺点，只要你积极向上、扬长避短，建立积极乐观的心态，那么，压抑的心理就会自然而然的烟消云散了。

2. 要多交朋友。性格内向的青少年要多交一些性格开朗、乐观向上的同龄朋友。这样你就会体会到友谊的温暖，从而走出压抑的困惑。

3. 让快乐走进你的生活。有压抑心理的青少年一般都放弃了自己最喜爱的业余活动，要知道，这样做只会让你的心情更糟。此时，解除心理压抑的有效方法就是寻求快乐，你可以做些你喜欢的事情或是听些你喜欢的音乐等等。心理学家研究表明，一个人的行为影响着他的情绪。如果你感到压抑时，不要拖着疲惫的身体垂头丧气地走路，要像轻风那样疾走；不要愁眉苦脸，要露出你魅力十足的笑脸，这样你就会发现阳光照射着不同的色彩。

4. 亲近大自然。如果你的精神感到压抑时，可以到公园或田间去散散步，感受一下大自然的气息。

5. 适当的锻炼身体。英国著名的教育家斯宾说“健康的人格寓于健康的身体”。据有关人士调查研究，曾有许多情绪压抑者通过长期的体育锻炼，在精神上得到放松。有压抑心理的青少年可以做些适当的体育锻炼。例如散步、打篮球、骑车和游泳等。为这些简单的运动可以让你的肌体得到彻底的放松，从而消除紧张、压抑的心情。这样不仅让你精力充沛，还可以让你信心十足地面对生活的每一天。

7. 为什么换位思考能赢得人缘

你的困惑：我对于其他人的行为极端讨厌，讨厌他们打电话时那生怕别人听不见的嗓门，讨厌他们得到表扬那沾沾自喜的样子，讨厌他们……所以，我讨厌与他们来往。但后来我发现，这些行为，原来我也有……

我来为你疏导：

心灵故事之→

有一只狗无意间闯进一间四壁都镶着镜子的屋子，突然，看到房间里一下出现了这么多只狗，它大吃一惊。于是，对着这些狗龇牙咧嘴、喉咙里发出阵阵攻击的低吼。那些狗也对着它张牙舞爪，而且都是怒吼的面容。这只狗一看，吓坏了，于是，它不停地狂吠着试图逃走，没想到它一跑，那些狗也跟着它追。它只好不停地绕着屋子跑，直跑得体力透支，倒地死亡。

透视心灵深处→

可见，以自我为中心的意识是无法生存的。如果这只狗会换位思考的话，那么它会先朝那些“狗”摇摇尾巴，其后果也会是截然不同的。

换位思考是人与人之间的心理体验过程。将心比心，设身处地的为他人着想，是达成理解不可缺少的心理机制。从客观条件上来说，它是要求我们将自己的内心世界，如情感体验，思维方式等与对方的思想联系起来，就是站在对方的立场上体验和思考问题，因此，与对方在情感上得到沟通，为彼此间的友谊奠定基础。

一位智者说过：“把自己当作别人，把别人当作自己；把别人当作别人，把自己当作自己。”这句话告诉人们要学会换位思考。孔子说：“己所不欲，勿施于人”。如果你没有换位思考，等待你的极有可能是失败、痛苦、沮丧或者泪水，甚至于无底的深渊；如果你换位思考，迎接你的极有可能是胜利、轻松、希望、微笑、支持。不夸大的说，天地之差，生死之别，尊卑之成因，好坏之缘由，可能仅仅是取决于换位与否。

青少年在人际交流上具有这样一种心理特征：他们一方面渴望得到别人的理解，但同时又很少主动地去理解别人，在对待老师时，这一心理特征表现得尤为突出。在人际交往中要学会换位思考，不只是站在自己的角度去看待或衡量别人，积极地换位思考，这样就会减少矛盾和摩擦，从而形成良好的人际关系。

换位思考的实质就是想人所想、理解至上。人与人之间必不可缺的就是谅解，谅解是理解的深一层包容，也是一种宽容。我们都有被“冒犯”或“误解”的时候，如果为此而耿耿于怀，那么，心中就会有解不开的“疙瘩”；但如果你能站在对方的立场去感受对方的感受，或许很容易就能达成谅解。在生活中，一般只要不涉及原则性问题，都是可以谅解的。

青少年在成长的过程中要学会换位思考。因为，人与人之间需要互相理解和信任，为此，要学会换位思考，这是人与人之间交往的基础——互相宽容、理解，多去站在别人的角度上思考。若常常表现出“以小人之心度君子之腹”，爱用怀疑的眼光看对方，这样往往会误解别人。

很多人在处理问题和与人交往的时候，总是立足于自我的立场，考虑更多的是利益和需要，却总是很少关心他人的需要，更别说是从别人的立场来看问题了。这样这就造成了人际沟通中的理解发生障碍和阻塞。我们平常总说别人不理解自己，自己也不理解别人，主要就是由于我们没有站在对方的角度来看问题造成的。要做到换位思考，在考虑问题之前，我们先问自己下面几个问题：

1. 如果我是他，我需要的是……

2. 如果我是他，我不希望……

3. 如果我是对方，我的做法是……

4. 我是在以对方期望的方式对他吗？

……

换位思考，有时候而且是多数时候对我们都有很大的利益。当你跟别人有了摩擦的时候，如果不去换位思考，可能你就只会一味地去想你是多么的委屈，你会陷入一个胡同里跳不出来，一直想着别人凭什么这样对你。但是如果你换位思考了，也许你会发现对方跟你有一样的疑问，然后，你就会找到症结所在。

解开心结→

那么，青少年怎样才能学会换位思考？

1. 在交往中学会换位思考。青少年的出生背景各不相同，想法、意见、理解也不同……也许某一天，你的朋友会让你生气，请先站在对方的角位思考一下，到底是为什么？有时候，往往会因为自己所处的环境而导致改变自己的内心想法，这就是影响人际关系的障碍。每一个人的思考都是有所不同的，在处理人际关系时都应换位思考，站在对方角度思考问题，只有这样才能提升人际交往能力。

2. 在理解中学会换位思考。换位思考是理解别人的想法、感受，从对方的立场来看事情。但是不幸的是，许多人的换位思考缺少了这一个要素。他们或是站在自己的位置上去“猜想”别人的想法及感受，或是站在“一般人”的立场上去想别人“应该”有什么想法和感受。这种换位思考并不是真的换位思考，而是以本位主义来了解别人的想法及感受，这并非真正地为别人着想，因为它忽略了“对方”真正的想法及感受。这种做法缺乏尊重，尊重别人的责任，尊重别人的能力，尊重别人的自主权。在与别人交往的过程中，别忘了换个位置思考，多一份理解与宽容。

学会换位思考是很重要的。一个人如果具备了这点，他便能使自己快乐，也同时使别人快乐。对于能换位思考的人来说，每天都是美的，每个人都是友好的，透过屏窗望到的是茫茫草原上白云朵朵，万绿丛中红花点点镶嵌之美景；而对于不懂得换位思考的人来说，每天都是最最痛苦的煎熬，每个人都会对别人冷眼旁观。所以，学会换位思考成就自己，也快乐别人。

第二节 学会处世艺术

1. 怎样做到大智若愚

老子在道德经里说的好："大成若缺，其用不弊。大盈若冲，其用不穷。大直若屈，大巧若拙，大辩若讷。静胜躁，寒胜热。清静为天下正。"

其实，正直的人是外表很随和的，但是个很聪明的人。不显露自己，代表的就是行不露色。真正的有才能的人，是不需要刻意去表现自己的才能的。

我们在处理事情的时候，要充分的表现自己的"大直若屈，大智若愚。"

做人就要学会"屈"

很多的时候，任何事情不是自己想怎么样去做就能去做的，自己的能力与所处的环境形成了一定的差异后，不得不去学会适应，而不是去任自己的所做事的。

有两位名学府的高材生，一起到南方某经济特区打工。甲被安排搞统计，天天和报表打交道，所学的知识派不上用场。他感到太委屈，便跳槽到别的单位，结果连跳十多次槽，十年后也未被重用。而乙进公司时也是统计员，他安心工作，十年后是这家公司的副总经理。同样是高材生，甲是弃“屈”图“伸”，结果一事无成。而乙则是以“屈”求“伸”，结果成功了。须知当今高材生比比皆是，用人单位不是先在“屈”中考验你的本事和品德，怎敢一开始就重用你让你“伸”呢？所以作为大丈夫首先需要能屈能伸才是。

生活中，往往不是那么一帆风顺的。就像两名大学生一样，要想取得好的人生，必须经过自己的努力去创造自己的人生。人生中，一般认为屈伸代表着进退，“屈”意味失意，“伸”则为得意，这只是从表面上去理解的。实际上，人生中的“屈”与“伸”远远不是这样简单。《后汉书·班固传》说：“虽屈伸无常，所因时异。”也就是说，人生中的“屈”与“伸”是应该顺从时势与环境的变化，不可盲目胡来。同样需要能屈能伸也是大丈夫所为。

若愚是“智”的表现

人们不禁会问：“什么是真正的‘智’呢？”“智”这个词也许在我们的眼中是一个很容易解释的词语。智即表现为聪明。但其实不是的，真正的“智”人是“愚”者。

有时，不如去试着想想，学会做些“愚”的事情。在自己迫不得已的时候，不应该太过于表现自己的聪明才智，应该表现的多为内敛。有时许多事情都不是那么容易就解决的。

孙膑是春秋时期著名的军事家，他从小和庞涓一块拜鬼谷子为师学习兵法。庞涓的天资虽较孙膑差得很多，但他为人奸猾，善弄权术，又轻易不被察觉。两个人出师后，庞涓一直都嫉妒孙膑的才华，于是，便以孙膑私通齐国之罪的理由，奉魏惠王之命对其施以膑足、黥脸之刑。

孙膑是个意志非凡的人，遭到庞涓暗算后，并没有因此消沉下去，他一方面与庞涓巧妙周旋，一方面在努力寻找时机，尽早摆脱庞涓的监视，心想有朝一日驰骋纵横。于是，他决定佯狂诈疯，放松庞涓的警惕之心。一天庞涓派人送晚餐给孙膑吃，只见孙膑正准备拿筷子时，忽然昏厥，一会儿又呕吐起来，接着发怒，张大眼睛乱叫不止。庞涓接到报告后亲自来查看，只见孙膑痰涎满面，伏在地上大笑不止，把刚写成的几篇兵书一片一片地烧毁，一会大哭，一会儿大笑，一会儿又做出各种傻相：不是唾沫横流，就是张目乱叫不绝。庞涓非常狡猾，为了考察孙膑狂疯的真假，命令左右将他拖到猪圈中，孙膑披发覆面，就势倒卧猪粪污水里。此后庞涓虽然半信半疑，但对孙膑的看管比以前大大地松懈了。孙膑整日狂言诞语，或哭或笑，白日混迹于市井之间，晚间仍归猪圈之内。数日后，庞涓始信其疯，放松了对他的看管。这才使孙膑得以逃出魏国。

孙膑不就是通过自己的“愚”的表现去使自己免除困境的吗？孙膑的装傻弄呆，达到了逃避危难、保全自身的目的。大智若愚在无备中表现有备，在静中观察动，在暗中分析明，因此它比积极、比有备、比动、比静更具优势，更能保护自己。

处在这个社会上，人们随时会和不同的人们打交道。有的人能左右逢源、游刃有余，取得事业和生活的双丰收；有的人却磕磕绊绊、四处碰壁，事业和生活对他们而言，则是晦涩和黯淡的。所以在生活中要做到能屈能伸，才会让生活更加的丰富多彩。

人世间许多的事都是无法去预料的，要学会适当的能“屈”和能“愚”，才是真正的人所具有的内在本质。不是所有的事情都能很美好的解决的，就看一个人的领悟能力了。俗话说：能“屈”能伸的人才是大丈夫。看来能“愚”也是如此。智者的表现也许就是“愚”到了极点了吧。

所以，青少年要学会适当地“屈”和“愚”，这样自己在内心会觉得自己的能力还是很不足，那样自己就会发现本身就会存在很多的缺陷。做事情就会变得越来越完善了。

青少年的内心世界还是很单纯的，对事物的认识能力还不足，对好多的事情判断都有一定的误差，但是只要做到在待人接物或是其他的事情上，做到能“屈”能伸，大智若“愚”就会更好些。那样青少年的心态就会慢慢地平和一点，对待事物的看法就会改变了许多，对自己的成长也是有很大的帮助的。

2. 为什么要成为追星族

你的困惑：“啊！某某明星和我握手了！”、“别洗这件衣服，有明星的签名呢！”这些话经常从青少年的口中冒出来，那么到底“追星”该如何对待这种行为呢？面对那些迷茫与狂热的眼神，许多青少年朋友发出了这样的疑问。

我来为你疏导：

心灵故事之→

2003 年 *4* 月，歌星、影星的张国荣跳楼自杀，震惊港台演艺圈，也震惊了无数喜欢他的歌迷，很多歌迷都无法接受张国荣已经死的事实。大连一位 *16* 岁的少女只因父母不给她买张国荣的 CD 碟，在家中自杀身亡以示抗议；一位 *17* 岁的少女在张国荣死后的第二天，就不再

上学，只待在自己的小屋里听着张国荣的歌，两年足不出户；一名因喜欢张国荣而辍学的少女，因忍受不了父母的责怪和偶像张国荣去世的打击，拿起刀片割腕自杀。虽经抢救脱险，但对生活已心灰意冷。

2007年，一名女歌迷为了见偶像刘德华，从十六岁开始，荒废学业和工作，曾四次前去香港见偶像，父母为圆女儿梦想而倾尽家产，最后老父亲客死异乡，而女儿依然不知悔改。其实，这样疯狂的追星事件一直都在不停上演，有因迷恋明星而见不到吞药自尽，有嫉妒明星结婚扬言要杀其恋人的……频繁出现的疯狂追星事件让人震惊。

透视心灵深处→

追星，在当今社会是一种很普遍的现象，“追星族”这个名词越来越普遍，尤其是青少年，他们似乎是“追星”的易感人群，对于自己所崇拜的偶像，看他主演的每一部影片，听他唱的每一首歌曲，对他的比赛更是一场不缺。谈到偶像的一切，都如数家珍。这种“追星”现象到底该如何看待呢？

有心理学者指出，青少年的追星行为有如“青春痘”，是青春期不可避免的现象。这与他们所处的这个年龄阶段的心理特点有着直接的关系。偶像崇拜是青春期的心理特征之一，是青春期心理需要的反映。就人生发展阶段的规律来说，这种现象不值得大惊小怪。

（1）慕拜心理。青少年成长之际，社会角色意识开始觉醒，非常渴望得到自我认同和社会认同，而明星受公众追捧、风光无限，往往成为青少年模仿的榜样。青少年们所追的星，男的大多英俊潇洒、风流倜傥，扮演的也多是些义胆冲天、侠骨柔肠的铮铮铁汉；女的则羞花闭月、沉鱼落雁，扮演的也多是些娇媚可人、善良温柔的亭亭玉女……通过模仿明星的服饰、爱好、习惯，想象自己也像那个被人喜欢的人，借此获得满足感。

（2）从众心理。因为喜欢明星而喜欢自己，因为有一群人都喜欢某个明星，因而获得自信与归属感，是青春期青少年特有的心理表现。在中学生中，追星现象很普遍，势力也很大，以致本来没多大心情追星的同学，为了不被看作“落伍”，不被视为“异端”，也自觉不自觉地入了流。

校园追星族的出现自有它的成因和必然。追星本身并不一定是件坏事情。追星是一种精神享受。就像养花爱好者把喜怒与花草联系在一起，养宠物者把哀乐与小动物联系在一起，集邮爱好者把情感寄托在邮票上一样，只是各自的爱好不同而已。有相当一部分年轻人追星和崇拜偶像，有自己独特的见解。他们没有盲从性，能从明星身上学到好多好的东西，如：某些歌星、影星为慈善事业捐款、看望艾滋病患者等公益活动。他们知道，追星是为了追求明星的亮点，学习明星好的东西，并以此为榜样，在学习和生活中严格要求自己，培养自己积极奋进的精神。从这方面来说这是可取的，并且是可以大力宣扬的。

然而，少数“追星族”对心中的偶像盲目崇拜，狂热模仿到发疯、发烧、发昏的地步，则会产生不良后果，对个人和社会都有一定的负面影响。如果追星成痴、成迷，甚至神思恍惚，坐立不安，无心学习，或日夜苦求“星”的出现，就确属不正常的“情结”了。每次有知名演艺人员开演唱会，常见“追星族”一路跟踪、呐喊，甚至不惜逃学、打地铺，熬夜排队买票，就为了一睹心目中的偶像。有些青少年为了看明星的演唱会而逃学，整天沉迷在明星的世界里，上课精神不集中，回家头一件事就是听唱片看电视，不认真学习，学习成绩不断下降，甚至出现厌学、弃学，导致学业的荒废。这是不现实的，也是不可取的。

解开心结→

年轻如花一般的岁月，每个人的心中都会有自己的偶像，每一个年代都有每一个年代的明星。明星是什么，明星只是事业成功的一群人，喜欢他的人于是就把他当作自己的偶像，当作自己的奋斗目标。

虽然歌迷偏执的行为只是个别现象，除了少数疯狂得无法自拔的粉丝，多数追星族还是有自己独特的见解，能正确分析偶像的优点和不足。但明星越来越多，追星族越来越庞大的今天，我们不能不把目光聚焦在追星族的心理健康和人格健康上，如今，追星现象已成为一个社会问题。

如何正确的追星、健康的追星？如何通过安全理性的方式来抒发自己对偶像的喜爱之情，并以其优点为榜样，在学习和生活中严格要求自己，培养自己积极奋进的精神？

对于追星族来说，摆正心态是最重要的。明星是自己的偶像，并不在于他们的外表，而是他们艰苦奋斗成功的精神。也就是说，追星族所追求的应是明星成功前的奋斗精神和顽强毅力，而不是无聊的八卦新闻。就如郑智化，两岁时就患小儿麻痹不能走路，直到七岁时通过手术才能靠双拐走路。可他身残志不残，通过自己自强不息的毅力打造了一片属于自己的天地，唱红了大江南北，实现了自己的理想。追星是为了帮助自己进步，而不是为了某一个明星而失去自己。

追星对青少年来说是一种正常的心理需求和行为表现，但要把握好分寸，要做到以下几点：

1. 不盲目追星

你所崇拜的应该是真正值得你崇拜的，是那些具有高尚人格与气质的人，而不是徒有外表；是那些不仅仅可以吸引你目光的光鲜，更应该能震撼你的心灵。事实上，在我们的生活中，明星远不止影视歌星和体育明星，还有众多的科学之星、政治之星、思想之星、技术之星……他们给我们人类带来的是更大的幸福和财富，更值得去学习。

2．不疯狂追星

不要滥花时间和金钱在追星上。几乎所有的人，当他从青年走向中年时都会发现偶像毕竟是偶像，他们往往是昙花一现。当稚嫩的心逐渐成熟，那“星”光就会逐渐暗淡。追星也就没有什么可夸耀的，更不应该成了你生活的全部。所以，不要在追星中失去你自己，因为你最终只能成为你自己。

3．因势利导，培养具体的兴趣爱好

追星不是生活的全部，你可以培养一两种具体的兴趣，如音乐、舞蹈、体育项目、航模、收藏、制作等等，这样，既可以使你的追星兴趣得到适当的降温，也可以使你把精力和时间顺利地转移到健康有益的兴趣上来。

4．善于从自己所崇拜的偶像身上吸取积极的人生经验

一个好的偶像能使人的生活变的充实、丰富，生活的目的更加明确！慎重选择值得追的星，以他为榜样和偶像，在给你的生活增添色彩的同时，“超过他，也成为明星”的念头会激发你更多的潜能！

偶像崇拜是青少年对人生追求的体验，是人生的一个过程，每个时代的青少年都有自己人生的理想，心目中追求的人生目标和偶像，当前的追星也是这样。但是，要知道凡事都有一个度，过度，就会走向反面。在追星而发烧时，能不能留给自己一点理智，克制一下盲目，多一点现实，少憧憬一点梦幻，多一点创造，少一点模仿……正确认

识追星现象，正确引导追星情结，把学习放在首位，成为德智体全面发展的特色社会主义建设人才。

3. 为什么不能讲“哥们义气”

你的困惑：我们学校近来出现很多帮派，他们每天称兄道弟，醉心于哥们义气式的友谊，喜欢依照武侠小说中的那些“侠客”们“拜把式”的朋友关系，“一方有难，八方支援”。因此，打架斗殴就成了学校里会出现的不良现象，我想问，难道男生就必须要讲哥们义气，帮朋友打架吗？这是真正的友谊吗？

我来为你疏导：

心灵故事之→

故事之（1）

在校学生段某敲诈了同学梁某、胥某的钱物，次日，梁某约了三位朋友来“讨回公道”，那三人一听朋友受欺负，很是气愤，于是找到了段某，将其独打一顿。段某遭到毒打很不服气，便找了四五个哥们，将梁某围堵在回家的路上，其中段某持刀，杨某等人手持钢管，致使段某多部位软组织损伤。这几名青少年的行为已构成了犯罪，受到了法律的制裁。

各类报刊中不乏这样的事件，由此也不难看出，这些青少年的做法很大程度上是因为讲哥们义气所造成的。

故事之（2）

小王是大学二年级的学生。在平时的生活中，小王做什么事情都很积极活跃，在大学一年积累了不少的哥们关系。平时你今天给我一盒烟，明天我请你吃顿饭，你早晨帮我教训了一个“冤家对头”，晚上我就替你给“仇人”教训。小王知道这不是真正的友谊，只讲哥们义气也是不对的，但是为了“义气”，为了面子也不得不帮朋友，最终导致自己也陷入了错误的深渊而不能自拔。

透视心灵深处→

中国人向来都把“义”看得很重。儒家尊崇的“仁、义、礼、智、信”中的“义”就排在第二位。学生之间要不要讲点“义气”呢？要！但不能讲“哥们义气”。因为，哥们义气是一种基于无知和盲从，无情感基础的冲动，是一种非理智的行为，是与现代文明社会极不相容的行为。“江湖义气”或“哥们义气”只讲“友情”不讲是非，与友谊有本质的区别，很多青少年就是因为分不清真正的友谊与“江湖义气”或“哥们义气”而走上违法犯罪的道路。

那么什么是真正的友谊呢？友谊是人与人之间在相互尊重、相互信赖的基础上建立的一种美好的情谊。俄国文学家车尔尼雪夫斯基说：“交朋友干什么？为的是到紧要关头能有储备的代办处。”真正的友谊不是在口头上的，要在行动上互相帮助。当遇到困难和危险时，朋友会无私地帮助你；如果有了烦恼和苦闷时，朋友会耐心地倾听，并且为你寻找一种合适的方法摆脱它；当犯错误时，朋友会义无反顾地站出来，帮助你走出迷途。这才是真正的友谊。没有朋友的人通常会感到孤立无援。朋友是成功的催化剂，是心灵的镇静剂，是快乐的源泉之一。

当然，友谊也需要讲义气，但是这种义气并非“哥们义气”。“哥们义气”不是义气。义气者，刚正之气、正义之气也，它是人与人之间的道德关系。如果不辨是非地“为朋友两肋插刀”，甚至不顾后果，不负责任地迎合朋友的不正当需要，这不是真正的友谊，也够不上真正的义气。

刘胡兰为了保全同志们的生命和乡亲们的安全，直面敌人的铡刀，视死如归，连刽子手都不寒而栗，又是何等的正气凛然？而哥们之间那些所谓的义气只是一味的盲从，没有原则，是非不分，相护包庇。为了所谓的“朋友”，甘愿做任何事，不计后果，被绳之以法时还叫嚷着“二十年后又是一条好汉”。这算“义”吗？哥们义气往往以维护小团体利益为出发点，为了报恩或复仇，不惜牺牲和损害社会或他人的利益，对不是自己的“哥们”则不讲感情，不讲友谊，最终结果必然导致害人、害己、危害社会。可见，哥们义气并不义气，而是流氓气、无赖气、地痞气和混世魔王气，没有一点正义之气！“哥们义气”与友谊是不同的，每个人都渴望友谊，需要友谊，但是千万不可误把“哥们义气”当作友谊。二者是有本质区别的。

解开心结→

如果你正受着“哥们义气”的左右，那么该如何走出这个误区呢？

首先，要拔除哥们义气的思想根源。要认真思考一下，你是为什么对他产生兴趣的，哥们义气有哪些危害？思想决定行动，只有了解了思想症结，我们才能勇敢的告别“哥们义气”。

其次，要积极培养高级情感如道德感、友谊感、集体感、荣誉感等等，去取代头脑中那种狭隘的“哥们义气”。一个人的脑子，容量是有限的。这方面想得多，那方面就想得少了。只要让健康的思想在你的脑中占据了主导地位，那么，那种低级的，狭隘的“哥们义气”

就没有阵地了。

再次，理智的思考问题，不要做冲动的奴隶。古人云，“行成于思，毁于随”，就是说多想可以事先避免许多差错。也许你也发现了，以前你受“哥们义气”的影响很深，一个重要的原因便是你容易感情用事，太过于冲动，容易在不理智的情况下做出决定，结果酿出很多祸事。所以遇事要多问几个为什么。这样，再有人用“义气”拉你干错事，你便会有所察觉，不为“义气”所动了。

此外，青少年还要形成正确的交友观。

4. 为什么要离家出走

你的困惑：每天生活在爸爸妈妈的管制下，让我觉得没有了呼吸的空间，尤其是他们对我下命令，对我大叫的时候，我想要离开的欲望就越强烈。曾经我甚至整理好行囊，决心离开这个让我压抑的地方，去流浪，去寻找快乐。

我来为你疏导：

心灵故事之→

乔丰有着与天龙八部里的英雄一样的名字，他平时酷爱看武侠电影和小说，但从来不爱学习。他在家里的大部分时间都在打坐，还经常让爸爸妈妈帮他看自己的眼睛是不是冒火，掌下是否有生风。时间长了他见自己的功夫不见长进，于是，趁父母不在家，他就偷拿了家里 *2000* 多元钱，离家出走独自去少林寺学武。因为他不知道路，费了好长时间才找到一所武校。但是他身的钱已经花完了，当父母找到他时，他已经因为饥饿过度而躺在医院里了。

透视心灵深处→

所谓离家出走是指青少年在没有得到父母或其他亲人允许的完全不知情的情况下，私自离开家庭故意隐瞒其去向的行为。据有关人士调查，青少年离家出走的现象处于猛增不减的状态，这种不良现象让很多的家庭和学校束手无策，也成了社会关注的一大焦点。

青少年时期处于成长的困难期和危险期，其中*15～18*岁这一阶段的青少年表现得最为明显。这个阶段的青少年由于身心发展的不平衡会表现出渴望独立的反叛一面，他们的内心世界是极度敏感和脆弱的，此时，青少年会特别渴望得到父母的关爱和支持。当他们感受不到家庭的温暖和父母的关爱时，在学业的巨大压力下，就会通过一些极端的手段来释放心中的抑郁和不快。比如：离家出走。青少年离家出走的现象给家庭、社会及本人都带来巨大危害。一般青少年离家出走后，其家庭成员和老师所承受的精神痛苦是难以想象的。

青少年时期正处在“心理断乳期”，开始从心理上依赖父母，并逐渐发展为强烈的独立意识。随着他们独立的愿望日益强烈，其心理会迫切希望能得到他人的尊重、信任。此外，这个阶段的青少年精力旺盛、求知欲特别强，然而，他们的实际知识水平却不高，由于缺乏各种社会经验，容易接受社会上某些人和事的不良影响，并在其引诱下可能会走上邪路。因此，青少年离家出走不仅荒废了自己的学业而且还影响自身的健康成长，有的甚至伤残。据调查，各国离家出走的青少年，有不少被非法分子割去了生殖器或肾脏等器官，造成他们终生残疾，使其终生痛苦不堪，最终把自己逼上绝路。还有些青少年离家出走后四处流浪，在生活上无依无靠，经常饥一顿饱一顿的。有部分回家之后，谈起这段刻苦难忘的经历，就会泣不成声、痛苦万分。那么，是什么原因导致青少年离家出走呢?

1. 个人原因。心理学专家认为，青少年离家出走的主要原因在于本人。人格异常的青少年会对周围的人和事抱有怀疑的心态，与家庭的成员闹矛盾而突然出走。还有些青少年有一种喜欢到处走动、游荡的心理是一种喜好，渴望无拘无束的自由生活，具有大胆冒险的精神，但又缺乏家庭意识和家庭亲密感等，出走现象是他们消极性格的表现。

2. 家庭原因。家庭是青少年日常生活的场所，但是羽翼未满的青少年为什么选择离家出走呢? 这一非正常行为直接、清楚地告诉我们家庭及父母方面存在某种缺陷。家庭的分裂、父母与子女的关系恶化等因素，都是青少年离家出走的主要原因。比如大多因父母望子成龙心切、与父母的关系紧张，相处得不融洽，造成心理上的压抑，导致弃学离家出走。或者是对青少年娇生惯养，放任自由；以及父母有酗酒、吵架等坏习惯等。据调查，如今有 *20%* 的父母对青少年的期望值过高，*17%* 的青少年常因不听话，遭受父母训责和打骂，在长期的压抑中形成逆反心理，最终出现矛盾冲突。还有 *10%* 以上的青少年处在不和睦的家庭中，*4. 8%* 的青少年因父母离异等，这些因素都与青少年的离家出走有着直接关系。

3. 学校原因。青少年离家出走是为了逃避一种令自己恐惧、处处受制约的学校环境。他们感到学习负担过重，随着厌学情绪的产生某种逆反心理也随之而形成。近年，随着教育体制的不断改革，老师对学生的评价体制却始终未变，考试成绩的好坏仍然是评价一个学生的好坏的唯一标准，当老师和父母们拿着他们的学习成绩来论长论短之时，成绩不好的学生就会遭到歧视和冷淡，这些现象都让他们产生不

自信，不受重视的感觉，促使他们产生强烈的厌学情绪，不少青少年在这种情绪的支配下选择了离家出走来逃避负担。

4. 盲目从众心理。有些青少年在媒体上看到一些因片面追求升学率造成一些学生压力太大而离家出走的消息后，在潜移默化的影响下，有的青少年就会加以模仿，以为是找到了寻求解脱的好办法。

5. 拜金主义。随着信息时代的飞速发展，青少年通过各种渠道接受了大量信息后，有些青少年就会对学习不感兴趣，而热衷于学习以外的东西，比如迷恋网络游戏或早恋等。另外，拜金主义严重的青少年，在学习中经常表现出力不从心的现象，进而逃学出去挣钱或学某些明星离家外出闯天下等。

众多离家出走的青少年都具有共同的特点：

1. 年龄特点——*14～18* 岁是青少年离家出走的高峰期。

2. 性格特点——据调查，离家出走的青少年当中男生多于女生。

3. 学校特点——有专家研究表明，小学高年级和青少年偏多。

4. 居住特点——有些居住农村的青少年，离家出走后大多数居住在城镇中。

5. 诱因特点——由于青少年时期正处于从幼年走向成熟的阶段，他们的自我认知和判断能力都比较差，但是他们的独立意识却很强。

6. 行为特点——青少年离家出走后主要从事打工、乞讨要饭、赌博、做违法的犯罪活动等等。

解开心结→

青少年离家出走的行为是各有差异的，不同的家庭背景、不同的学校环境和不同的性格特征等都是有可能离家出走的。总体来说，青少年离家出走对其身心健康成长是极为不利的。

对于青少年离家出走，社会上大多从家庭和学校的角度去调解，其实，对于这一行为更多的是需要从青少年心理上去引导。那么，青少年应该如何帮助自己解脱心理故障，走出劣性行为的魔掌呢？

1. 学会倾诉和自我调节。无论发生什么事情都不要做出过于偏激的事情，有烦恼或痛苦可以向自己信任的朋友诉说，把不良的情绪释放出来，才能控制自己的行为。如果是与家庭之间有矛盾，则应试着与家人沟通，而不要选择让父母担心，赌气报复的心理。

2. 调整自己的心态，增强自己的承受能力；适当地做些有意义的活动，让家庭充满欢乐和亲情；根据自己的自身兴趣和爱好，向父母争取足够的发展空间；适当的帮父母做些力所能及的家务，培养自己的责任感。

3. 如果父母放下高姿态，愿意与你平等交流，那么你就应该试着去接受，去理解父母。特别是那些离异家庭的青少年，更应该从心底去积极配合父母，为自己的心理健康付出努力。

4. 即使是父母错了，对你做了不该做的事，那就应当用积极的方法让父母知道，如果父母鼓起勇气向你承认错误，你就应该把握机会，进而缩短与他们之间的心理距离。家庭和睦相信是每个青少年都向往的幸福。

5. 为什么网瘾犹如精神鸦片

你的困惑：我无法抵挡网络的魔力，父母不让上网，我就去网吧，不论是游戏还是网聊，都让我兴奋不已。我爱上了“上网”，我无法自拔，它犹如鸦片，让我难以戒掉。但如果一定要拿学习、大学来换的话，我还是想要上大学，我想要逃开网络的魔掌，谁能帮帮我？

我来为你疏导：

心灵故事之→

浩仁的父母都是教师，浩仁在初中升高中时以全校第一名的优异成绩进入了一个颇有名气的“优等班”。浩仁的成绩一直在班上是第一、二名，但这段时间以来，成绩却急剧下滑，据老师反映，该生逃课已成了家常便饭。原来浩仁上高二后就迷上了网吧，在今年高考前一天的晚上，浩仁出现了精神分裂被送往医院治疗，这实在令人惋惜……

一天深夜，某市几名青少年，连续数小时在网吧玩游戏，钱用光了，但还没过够瘾，便相约上街寻钱，走到街上，看到一个同龄少年边走边打手机，便恶从心中。于是几个人一拥而上，不仅抢走了对方的手机，还用水果刀捅伤了该少年。其结果最后当然是难逃法网。

透视心灵深处→

如今，电子游戏机已从青少年的生活中退出并销声匿迹；但作为电子游戏机的后继者——网吧，则以另一种形式悄然占领了这块失地。网吧作为新时代的产物，令众人着迷，对青少年的影响则更为严重。网吧的适应群体较为广泛，男女老少皆宜，而其内容相较于电子游戏室也是丰富多彩。但它对人们的危害性丝毫不亚于电子游戏室，甚至有过之而无不及；而它对于青少年的危害则更为突出，因为泡网吧者多为青少年。

网吧的利弊，一直是一个热门的话题。客观来说，网络的信息量大，交流速度也快，这不失是青少年寻求知识的一个好的场所，网吧的出现也为众青少年的交流、创新、娱乐提供了便利快捷的服务。尽管网吧给青少年带来了一些积极之处，但随之而来的消极影响却大于其积极影响的成分。

沉迷网吧的危害

一、环境复杂

在这个复杂的地方，有着各形各色的人出入，青少年单纯的心灵在这里很容易误入歧途。在媒体上不乏看到，因筹钱上网而联伙偷窃、打劫；为网恋上当受骗；这些都不能不令许多家长谈网色变。青少年由于自控能力薄弱等自身原因与网吧的管理混乱等诸多种种客观因素，让网吧的世界很精彩，也很无奈。由于在网吧，社会各个阶层的人都有，所以难免会有抽烟者，青少年长期处于这种环境中，必会抽烟成瘾。或青少年成为被动抽烟者，也会对其身体带来伤害。

二、网络设置不严

部分网吧中未设置不良信息过滤器，所以会有各种不健康的信息自动或在青少年不经意的鼠标点击下跳出，如果青少年不能有效的辨别其健康与否，那么这种不健康的信息就会毒害青少年的思想，影响其心理健康。

三、电脑辐射

在网吧中至少会有近五六十台电脑设置，主机箱与显示器离得也较近，这样就会产生大量的强辐射，会给青少年的健康造成巨大的伤害。显示器的辐射容易导致近视，也很容易使皮肤干燥缺少水分，引起斑点；电脑主机箱的辐射会让人体的内脏受到严重损伤。再加上长期上网保持一个姿势，会造成身体血液循环不畅，细胞长时间无法进行有氧呼吸，更严重的会患上颈椎病、腰椎病等，对青少年的身体所造成的健康损伤实在是太大了！

四、摧残身体

青少年由于长期泡吧导致过度疲劳，再加上网吧空气不流通，人口密度大，烟味、汗臭味、食品味等，可谓是味味俱全；打闹声、机器声、脏话声等，也是不绝于耳；这些飞舞着无数细菌和脏话的环境，严重影响着青少年的身体健康。一般情况下，玩通宵的网迷从网吧走出来时，都是眼睛红肿、两腿无力、蓬头垢面。青少年正处于生长发育的重要阶段，如果不分昼夜、不知饥渴地长时间泡网吧，对其身体的摧残不亚于毒品。

五、网费容易成为犯罪的动机

在网吧消费的青少年一部分是在校学生，一部分是社会青年。这些青少年多没有经济收入，衣食住行都靠家长供应。尤其是家庭离异的子女，他们长期缺少父母的教育和关爱，从小随着祖父母长大。这些青少年很容易养成刁蛮任性、颓废消沉的性格，这会令其对人生没有信心，对社会充满怀疑。在网费不能支付之时，便会采取极端的方式来抢取财物，从而走上犯罪道路。

六、形成不良行为倾向

俗话说：“近朱者赤，近墨者黑。”青少年处于心理断乳期，心理上的不成熟，致使他们很容易受外界的影响进而效仿。看到别人做什么，自己也跟着做，包括不良嗜好、外型、动作、服饰等。他们所效仿的事物都是不加分辨的，有时无论好坏照单全收。最常见的有：抽烟、讲脏话、不良卫生习惯、打架等。

解开心结→

在信息科技飞速发展的今天，互联网正以惊人的速度遍布到我们生活中的每个角落，“网吧”也如雨后春笋般出现。网络和其他新鲜事物一样，也有“双刃剑”效应。对于青少年来说，网上有许多有益身心的东西，如网络学校，即使在天涯海角也能得到名师的指点；有许多适合于青少年所需的知识和游戏；还有各种各样的电子报刊等等。但更值得注意的是，网上也有许多对青少年极为不利的东西，如色情网站、黄色图片，若不正确引导，对青少年的健康成长极为不利，甚至是诱发青少年犯罪的祸根。

众所周知，网络是虚拟世界，但它也脱离不开现实社会，我们不能把它从生活中完全隔离出去。网络中有垃圾，也有宝藏；有精华，也有糟粕。就像生活中人们打的针，吃的药不也都含有毒成分吗？因此，如果青少年真的想上网，可以适当的玩一会，不能因为网络上有垃圾便排斥它，当然也不要因为网络上有宝藏而放纵自己。应该在父母给自己足够的自主权利时，尽力的保护好自己，让自己能够有选择地上网。

树立正确的上网心态

关于青少年上网的观点，大致分两种：一是宣传上网优点与好处，比如可以培养青少年们的自学能力、开拓他们视野等，鼓励父母要支持青少年上网学习；二是批评网络对青少年的危害，如魔幻游戏、网吧等，警告父母要严防死守。两种观点其实并不矛盾，结论也很明显，没有必要因此而因噎废食。

客观地来看，网吧在一定程度上对青少年的健康有着一定的危害。但在信息化纵横的现代社会里，网络的普及，青少年接触到网络这是不可避免不了的，进入网吧也是必然的。完全禁止青少年进入网吧是不可取的，因为有些家庭里没有电脑装备，这样，无异于切断了部分青少年接触外界信息的途径。一味地强堵并不是良方，疏导才是根本。

一、调整好心态

青少年迷恋网吧的原因是多种多样的，有的是出于好奇，有的是出于娱乐、消磨时间，有的是心理压力过大，以此寻找心理释放，无论是出于哪一种原因，总结起来都是心理问题。部分青少年认为学习乏味枯燥，有的则是情绪浮躁，有此类状况实属正常，但他们却都用网吧来作为解开心灵的钥匙。所以，青少年应该掌握一定的情绪调理方法，如运动或是找人倾诉，向家长和老师沟通，都是很好调节情绪的方法。

二、加强自身教育

青少年要提高自我约束、自我保护的能力。通过父母、老师、媒体了解网络的积极作用，增强自身明辨是非的能力；通过父母和老师的介绍与推荐找到适合自己浏览的健康网站、开辟主体聊天室等形式，深刻了解沉溺网络和在不健康网吧上网的危害。注重增强自身的自律意识，青少年要时刻告诫自己不能沉浸于网上聊天、游戏等虚拟世界，更不能浏览、制作、转播不健康信息，不使用侮辱、谩骂语言聊天，不轻易和网上的朋友约会，要自觉遵守互联网道德规范，自觉抵制不良网络信息的侵蚀，做一个自觉守法的好网民。

第四章

正确认识学习

第一节　改变学习态度

1. 为什么我总是“走神”

你的困惑：我总是在提醒自己，上课要专心，不要走神，但是为什么还是不能集中注意力呢？

我来为你疏导：

心灵故事之→

从前，有个名叫弈秋的人，他的棋艺水平闻名全国。每隔二年，弈秋大师都招收两名徒弟，有一次，他收了两个年轻的徒弟——东木和西木。

刚开始学棋时，东木和西木都能够全神贯注地听老师讲课，有时，他们两个还时不时打断弈秋的讲解，提出各种疑问。棋艺水平不相上下，进步很快。

很快一年过去了，东木和西木学棋的态度有所不同了，东木聚精会神，专心致志地学，西木则心不在焉，东张西望，心里只想到天上是否有大雁飞来了，他还隐隐约约地似乎听到了鸿鹰的叫声，眼前不时浮现猎人射鹰的英姿。结果前者成了一位名棋手，后者却一事无成。

透视心灵深处→

这个故事告诉了我们一个深刻的道理：学习必须专心致志，不能三心二意；否则，再聪明的人也不能掌握真正的技术，不能学会更多的知识。但是要做到专心致志的学习是不容易的，在现实生活中，学生们总会受到各种因素的影响而经常出现“走神”的现象。那么，为什么会“走神”呢？

上课时，老师在上面讲，学生在下面东张西望，心里想的不是操场上的足球，就是外婆家的小猫，或者左顾右盼，与邻座同学说小话。对老师讲的知识左耳听，右耳冒。那么是什么原因让你“走神”了呢？

心理学的研究表明，学生注意力涣散是影响学生学习成绩的重要心理因素。其实，“走神”就是由于受无关事物的引诱，不能稳定地、持久地把自己的注意力集中在某一事物上所造成的。造成学习时注意力不能集中的原因多种多样，大致可分成几种情况：

第一，对学习的认识误区。对学习的目的、意义认识不足或对所学内容的意义认识不足，目的不明确、缺乏学习的兴趣和责任心。

第二，儿童的注意力容易受外界环境的干扰，环境因素如噪音、偶然事件、新、奇、特等刺激的影响。

第三，心理卫生因素。如悲观、焦虑、烦躁等均可导致注意力涣散。其主要因素包括：志向、兴趣、毅力等方面，这些都受家庭和社会风气的影响。这一类青少年表现为情绪不稳定，焦虑，恐惧及行为和品行问题。

第四，教育模式的不当造成的儿童厌学。比如，由于父母不适当的期望值所引起的厌学，主要表现为上课走神或打瞌睡。另外一些教师不考虑儿童的接受能力和心理特点，采用满堂灌的教学方法，也是导致儿童上课走神的一个重要原因。

解开心结→

在学习的过程中，注意力是打开一个人心灵的门户。注意力越集中，我们学到的东西就越多。而一旦注意力涣散了或无法集中，那么进入我们心灵的门户也就随之而关闭了，一切有用的知识信息都无法进入。所以，法国生物学家乔治·居维叶说："天才，首先是注意力。"那么，怎样克服学习中经常"走神"呢？提出几点建议供大家参考。

一、要培养自己对学习的兴趣

保持注意力的集中依赖于兴趣，有了兴趣就能全神贯注，当对某学科不感兴趣时，就容易"走神"。兴趣是一切行动的动力源泉。特别是对学习的间接兴趣。所谓间接兴趣就是指对活动过程和内容本身并不感兴趣，而是对活动的结果和意义感兴趣，它与注意力的形成是密切相连的，更为持久。而且是需要付出意志努力的，但它较之直接兴趣是一种高级的、复杂的心理活动过程。培养兴趣可以从直接兴趣慢慢过度到间接兴趣。

二、自我提示法

通过语言对自己进行心理暗示。找几张小卡片，在上面分别写上："专心听讲"、"不要走神儿"、"少壮不努力，老大徒伤悲"等句子，然后把它们放到你平时容易看见的地方，如铅笔盒里，可以让你在走神的时候随时看到，以达到提醒自己的效果。而且，这样无论你有没有走神，是上课听讲还是回家写作业，只要一看到它们，就会提醒自己：别走神儿呀！

三、带着疑问上课，做课堂的主人

要做好预习工作。每天晚上花一点时间把明天要讲的内容先看一遍，想一想，找出自己不会的问题，这样第二天上课时，就会集中注意力听老师的解答。

而且，在预习的过程中，你也会对课堂内容有一个了解。第二天上课，老师一提问，你就举手，别人还在想呢，你都回答出来了，多棒。要积极思考老师提出的问题，要大胆地举手发表自己的看法，认真参加讨论，有选择地记好笔记等等。由于积极参与课堂的学习活动，专注于课堂学习的中心内容、自然就不易“走神”。

四、自我奖惩法

在每次学习的时候都要给自己定一个计划。如果在规定时间完成了学习计划，并且始终是专心致志的，那么就可以奖励一下自己；相反，如果由于分神而使计划落空，那你就该毫不留情地惩罚自己做不愿做的事，如干杂活或跑楼梯等。这样可以加强心理建设，使你养成注意力集中的好习惯。

总之，在日常生活中，要加强意志的锻炼。注意力与意志有密切联系，当富有吸引力的刺激出现，或情绪波动时，需要有坚强的意志来约束、支配自己的注意力，发挥自我调节的作用，使注意力重新集中起来。注意力的培养是一个长期的过程，要持之以恒才能有效果，不要半途而废。

2. 为什么学习没有快车道

你的困惑：学习没有捷径可言，这是每个人都知道的，我也一样。

我不明白，同样的学习环境与科目，为什么会产生巨大的结果差异呢？学习有没有快车道？是他们走了快车道？还是我的脑子笨？

我来为你疏导：

透视心灵深处→

很多人在学习中会问：学习有没有捷径可言，答案是否定的。学习是踏踏实实、一步步走出来的，要靠自己的不断努力去取得。但这并不意味着学习就没有技巧。

学习技巧与捷径是两个截然不同的概念。平时我们所说的学习捷径其实都是一种学习的技巧和方法。通过这些技巧的应用，可以使我们的学习更有效率。这就是学习成功的快车道。

俗话说，因材施教。说到学习方法，是因人而异的，因为各人的智力水平，包括记忆能力和理解能力都各有千秋，而在长期的学习过程中，每个人都会形成自己独特的、难以改变的学习习惯，因此在学习方法的选择上就没有统一性，要根据自身的情况和特点具体而定。别人介绍的各种方法，如果不考虑自身的特点，盲目照搬，效果可能适得其反；事实上，成绩优异者学习方法也各有不同，如果不懂得这个道理，听多了会无所适从。

但是这并不是说，学习就没有统一的方法可言了。其实学习之道，不外乎记忆和理解两个方面。有一些内容，是一定要记住的，但是记住了和答出题之间，也还有一定差距，这考的就是理解的能力了。智力出色的学生可以轻松的完成，学习稍差的学生只要方法得当，也是可以取得良好的成绩的。

21 世纪是一个知识大爆炸的时代，我们所学的知识永远赶不上时代的步伐，所以许多教育专家认为，将来的“文盲”，不再是目不识丁的人，而是一些没有学会如何获取知识，不会自己钻研问题，没有预见力的人。这就需要青少年们了解如何学习，怎样学习更为有效。科学的方法是点金术，是通向成功的桥梁。那么所谓的学习捷径到底是什么呢？这就是学习的原则及方法，只有掌握了正确的原则和方法，才能使学习事半功倍。

解开心结→

学习没有快车道，如果有，那就是比别人付出更多的汗水。

当然，掌握一些学习的基本原则以及学习的方法，对于提高学习效率，“少流汗水多收获”是很有帮助的。

学习应掌握的原则

1. 循序渐进原则

就是人们按照学科的知识体系和自身的智能条件，系统而有步骤地进行学习。是指学生学习文化科学知识必须遵循由浅入深，由易到难，由简单到复杂，由未知到已知，从具体到抽象的认识过程的顺序，还要遵循学科知识的顺序。它要求人们应注重基础，切忌好高骛远，急于求成。循序渐进的原则体现为：一要打好基础。二要由易到难。三要量力而行。只要做到这些，就能把握住学习的脉络。

2. 自觉积极性原则

自觉积极性原则是指学生利用良好的外部学习条件，充分发挥主体作用，自觉积极地进行学习。就是要充分发挥学习的主动性和积极性，尽可能挖掘自我内在的学习潜力，培养和提高自学能力。在教与学的过程中，教师的“教”决定着学生“学”的方向、内容、方法等，而学得好不好，又取决于学生的学习态度、习惯和方法。因此，要搞好学习，必须充分发挥自觉的动力，做学习的主人。

3．“熟读精思”

就是要根据记忆和理解的辩证关系，把记忆与理解紧密结合起来，两者不可偏废。学中有思，思维能力才能得到发展；思中有学，学习的知识才能融会贯通。学与思不可分割，学思结合，才能深刻理解、牢固掌握知识，培养能力。“熟读”，要做到“三到”：心到、眼到、口到。“精思”，要善于提出问题和解决问题，用“自我诘难法”和“众说诘难法”去质疑问难。

巧用学习方法

掌握学习方法的意义在于更高效地学习。对于学生而言，学习方法就是指如何提高学习效果的方法，而这个方法往往是带有学生个性倾向和经验性的策略。好的学习方法，应该符合以下三个条件：符合认识规律的科学方法；符合自己个性特点的方法；符合不同学习内容和不同教师授课特点的方法。要想提高学习成绩，从以下几个方法入手。

1．做好预习

预习，即课前的自学。指在教师讲课之前，自己先独立地阅读新课内容。初步理解内容，是上课做好接受新知识的准备过程。预习的基本方法有：①程序式预习。即预习已经形成一种基本模式。②习题式预习。就是将老师布置的自学题目完全弄懂。③活动性预习。采取多种课前活动预习。如课前收集与课文内容有关的谚语、俗语，以及其他资料。预习时要读、思、问、记同步进行。

2．记好笔记

记笔记是为了学，为了懂，为了用。记笔记的原则是以听为主，以记为辅。记好课堂笔记应做到：简练明白，提纲挈领，详略得当。

难点不放过，疑点有标记。不乱，不混，条理明。可以使用自己规定的各种符号，但应以看懂为原则。对笔记要留有空白处，便于复习时补缺。

3. 注意课堂听课效率

学生的知识大部分都是在课堂中得以掌握的，因此，听课是学生接受教师指导，掌握知识，发展智力的中心环节。是获取知识的重要途径。是保证高效率学习的关键。要紧跟教师的思路，边听边思考，边思考边记，读、思、记、问统一结合起来。

另外，课堂也是师生互动的最佳环节。学习的过程，就是问题产生的过程，也是问题被解决的过程。在这个过程中，如果问题没有每天及时解决而被遗留下来，就会成为学习过程中的漏洞。学生要把握住这段时间，及时的使自己的疑问得以解决。

4. 做好复习

通过温课回顾，巩固知识，提高能力的基本方法。即温故而知新——学生学习知识要注意消化和巩固，要经常复习，把新知识与已有知识联系起来，使知识系统化。复习对于知识的后期掌握和应用起着极为关键的作用。很多学生对所学知识记不住，并不是脑子笨，而是不善于复习，或复习功夫不深。

以上的方法和原则是密切联系、相互作用的。学生必须坚持辩证的系统观点，深入领会学习原则的完整体系，在学习过程中创造性地综合运用，全面贯彻，防止把个别原则绝对化。另外，还要因人而异、因学科而异，正如医生用药，不能千人一方。同学们应当从实际出发，根据自己的情况，发挥特长，摸索适合自己特点的有效方法。

3. 如何改正偏科的现象

你的困惑：由于受升学考试等因素的影响，现在的偏科现象较为普遍，中学生尤其突出，如重理轻文，或重文轻理等。在出现偏科现象时，该如何自我克服呢？

我来为你疏导：

心灵故事之→

王飞的语言能力非常强，而且爱好文学，所以，她把自己的人生目标定在了文科。也许是基于这一原因，她的文科与理科有着天与地的差别。几乎没有下过九十分的英语强人很难想象她的数学成绩竟然只有很少的二十几分。

对此，王飞的态度却不已为然，她认为，自己在感兴趣的方面有突出的成绩，这就足以照亮自己的人生。可是残酷的高考让王飞知道了自己的想法是极为幼稚的，正是因为那少得可怜的数学分数把她关在了梦想的大学门外。

透视心灵深处→

偏科对每个青少年来说都不陌生，据调查，80% 的同学认为自己曾经或现在正在为偏科而烦恼，但这当中却有一半以上的人对于偏科没有一个正确、深入的认识。但是，到底什么是偏科呢？专家给这个现象下了如下的定义：偏科是指在学习中不能正确对待各门学科的学习。重视了认为“有用”的学科，而忽视了认为“无用”的学科，善学喜欢的学科，把主要精力集中于这门学科的学习，而忽视其他学科的学习，有的甚至放弃其他学科的学习。

各年级开设的各门学科都是为了青少年的全面发展、经过科学论证和实践检验而设立的，偏废任何一门课程，犹如修建高楼大厦时地基缺了几样关键的东西，其后果是很严重的。一是在知识上产生缺陷，在学科方面出现“跛腿”现象。那样会影响其总体的考试分数，为其升学带来一定的难度，而且会影响他在某一领域的发展。二是影响其他学科的学习。因为各门学科是相互联系的，缺一就会觉得不协调。

现在偏科现象已到了白热化的程度，尤其是在“学会数理化，走遍天下都不怕”这种重理轻文思想的影响下，偏科现象更为严重了。不过，偏科难免。原因有内在的，也有外在的。

一、只凭兴趣学习

现实生活中，有些学生喜欢数理化，对语文、历史、地理等学科一筹莫展，而有些学生则恰恰相反，他们喜欢哪一门就只学那一门，其余不感兴趣的课程就不听，作业也是胡乱做的，如此兴趣用事产生巨大反差，形成偏科的现象。

二、学习方法不正确

“偏科”的一个重要原因是：没有根据不同课程的特点，选择学习方法。有的青少年对某门课程的学习方法不对，学习效率不高，老师教学又不得法，家长也没及时给予帮助，慢慢的就失去学习的兴趣，造成偏科现象。

三、教师的影响

有的青少年偏科是由于青少年与教师的关系问题造成的。由于不喜欢某个老师，就会连带着在他的课上不想听，留的作业也不想做，导致这门课的成绩上不去，而最终导致偏科现象的形成。

解开心结→

那么，克服了偏科的问题之后，在学习方法上应该注意些什么呢？

态度决定一切。面对偏科现象，要有一个正确的认识，认清危害，树立信心。当偏科出现了，有的同学便会信心全失，便会慢慢的放弃，想后补也很难补上去了。你要记住，学习上的弱科往往会影响整体成绩，会影响其他学科的学习，并给进入更高学府进行学习带来困难。所以，要树立起信心，偏科不是无药可救，主要取决于你学习的态度。

要摒弃好恶，端正学习态度。偏科的重要原因之一就是仅凭自己的兴趣出发。兴趣爱好与否，是出于对某种学科的心理态度。学习不能凭自身的好恶及和老师的关系而产生学科偏见，这样做是幼稚、糊涂的，也是极为错误的。如果重视不感兴趣的弱科，对其不抱任何偏见，以“肯学则能学会”的态度致力于这个学科，就能增强学习的动力。

做题从简单的入手。对于偏科的学生来说，在面对这一科目时，要把握从简到难的原则进行学习。因为你在这个科目上基础差，做难题对于你的提高不会有多大帮助，而且会不断的打击你的自信心。正确的方法是从简单一些的习题入手，牢牢掌握课本上最基础的知识，在对简单的题目完全掌握后，再适当提高题目难度。

要把握好学习不擅长科目的时间，坚持从短到长的原则。凡是不擅长的学科，大都是不感兴趣的。因此，如果一开始你便在差的科目上投入大量时间，必然会倍增烦躁与厌倦。所以，要制定出一份计划表，给自己定下时间规定，比如说半个小时，到时间后就去改学别的科目。时间一长，对差科的学习兴趣就会逐渐培养起来了。还可以将差的科目夹在强的科目中学，时间同样不要太长，以避免枯燥无味的学习。

如今的网络上有人这么说到：不偏科不成才。但是不得不承认，过分偏科的人在社会上生存有很大的局限性。现在的社会需要的是综合素质全面发展的人才，要想适应社会的发展，必须改正偏科现象。

4. 当班干部影响学习吗

你的困惑：许多家长看到青少年学习有所退步，就让他们放弃当班干部或课外活动的机会与时间。许多学生逐渐成为“两耳不闻窗外事，一心只读升学书”的“小夫子”。当班干部真的影响学习吗?

我来为你疏导：

心灵故事之→

张其是家中的好孩子，老师眼中的好学生。他在学校里的表现十分突出，是个有名的热心肠，因此，他在班级里的人缘很好，加上他的组织能力很强，所以一直是班里的活动骨干，担任班长的职位。他不负所望，把班级的活动组织得有声有色。

然而，最近他的学习成绩开始呈现下降趋势，父母说他是做班干部而耽误了学习，眼看再过一年就要高考了，所以父母让他不要再做班干部了，专心于考学。张其很迷茫：当班干部真的会影响学习吗?

透视心灵深处→

在现实生活中，类似于张其这样的似子数不胜数，对当班干部是否影响学习这个问题也是争论不休。所谓“仁者见仁，智者见智”，我们并不能说其中的某一方观点是完全错误的。但是，站在一个理智、客观的角度上思考，我们完全可以提出这样的一个观点，即双刃剑理论。任何事情都有其利弊，当班干部的影响也是如此，但总体而言，当班干部对于学习的影响利大于弊。

在生活中，可以看到许多的班干部其实都是班级里的学习尖子，在老师家长的赞扬声和同学们的羡慕眼光中成长。但是当青少年的成绩一下降，他们就慌了手脚，认为是青少年的学习时间被其他的工作耽误了。这是一种片面的观点。学习退步应从多方面找原因，如学习方法、学习效率等，而不应纯粹认为是当班干部耽误学习。当学生被强迫辞去工作去学习时，心理上会产生落差，这样极易造成紧张、焦虑甚至产生强迫症等心理疾病。

人们之所以出现这种片面的看法，主要把“学习”的范围看的太狭窄了！在家长的心中，没有弄清好学生的真正含义。在他们的眼中分数即代表一切。其实，真正的好学生不单单是学习好。我们提倡素质教育，就是要学生德、智、体、美、劳全面发展。如果只重视书本知识，不注意能力训练，将来走上社会，会怎么样呢？他能对社会做出多大贡献吗？要知道，未来需要的不是书呆子，而是有能力的一代新人！

解开心结→

是的，班干部相对来说工作会多一些，在一定程度上占去了一些学习的时间，但对于有能力的学生来说，并不会因为学习时间少点就会落后。相反，智慧地去处理问题会事半功倍，在工作中锻炼自己，在学习中提升自己，人的潜力才能更好地开发。而且作为班干部就会有一种带头，处处为先的精神，这会更加促使他们争取学习上的进步，因此，当班干部和学习是并不矛盾的。

当然，青少年毕竟是孩子，自我控制能力比较差，什么是主，什么是次很容易分辨不清，从而耽误学习。所以，提醒做班干部的同学要寻求家长和教师的引导和支持的作用：不能因为学习的一点退步，就放弃当班干部和参与班级工作，这对于青少年沟通能力和学习能力的培养都是不利的。

对于一个学生来说，学习并不是他的全部，也不是他能力的所有体现。我们的社会一直在倡导，培养“有理想、有道德、有文化、有纪律”的四有新人，所以要做成为一个合格的人才，就要在各方面都努力寻求提高和进步。以积极的心态去参加每一件事情，在实践中锻炼自己，提高自己。当班干部也并不一定影响青少年的学习，关键是如何合理安排时间和正确的对待。

5. 考场上怎样克服紧张情绪

你的困惑：像我这样处在学习阶段的少男少女，都面临千万次的考场考验，考场就是战场，考场情绪的好坏直接影响考试成绩。紧张是在考场上最为常见的心理，该如何克服呢？

我来为你疏导：

透视心灵深处→

高考是否能够顺利通过，除了必备的知识准备以外，还有什么秘诀呢？有人说：“九载寒窗比勤奋，三天高考比心态。”这句话一语中的。因此，高考前不可缺少的准备工作就是调整个人的应考心态。

高考考生在考试过程中往往因考试环境的影响，而引起种种心理不适，常出现心情紧张、焦虑、烦躁不安，甚至怯场的状况。分析其原因主要有：

一、来自自身的压力。相当一部分考生把上大学看成是唯一的出路，但是其理想与自身实际能力相差甚远，使得许多考生考场状态不好，甚至出现晕场。

二、来自父母的压力。父母对自己期望值高，考前灌输了奖惩制度。

三、来自老师的压力。老师考前的总动员和颁布的奖惩措施加剧了考生的心理压力。

从心理学角度分析，考生在考场上的情绪有三种状态。一种是过度紧张，一种是满不在乎，还有一种是保持有适当的紧张度。心理学研究表明，适度紧张，有利于考生考试的发挥，但过度紧张会引起考生的不良情绪，妨碍考生正常发挥。由此可见，前两种心理相当不可取，不但不能取得好成绩，相反由于情绪问题，连原来的正常水平都发挥不出来，往往造成失败。只有第三种情绪才是理想的考试心态。这样的考生信心十足，平心静气的进入考试状态，精力集中，思维准确，所以，要想有一个好的成绩，必须学会适当的控制考场上紧张心理。只要做到心平气和，泰然处之，高考对考生来说是会顺利通过的。

解开心结→

那么，怎样才能达到这种理想的情绪状态呢？其实并不难，只要做到以下几点就可以了。

1. 从容走进考场

要控制好进考场的时间，不宜过早但也不要太晚，一般在考前 *15 ~30* 分钟为宜。太早了会与各种干扰因素接触容易破坏良好的心理感觉，太晚了会出现焦急的心理，而且不及将行走后的运动感消除，一见到试卷会出现急促或忙乱的感觉，开场不利会影响整场考试的情绪，使你一直处于紧绷状态。

2. 自我控制法

进入考场产生的紧张心理是很正常的一种心理变化，不需要大惊小怪，只要做做自我放松，便可以使紧张的心情平静下来了。具体做法是这样：先深深吸一口气，同时闭上双目，屏住呼吸，停三十秒后再慢慢呼出，心中默念“放松……”这样反复几次，就不会有心跳过重和过快的现象，心境也趋于平和了。

3. 调息放松法

一种最简单但颇为有效的努力就是控制呼吸，通过深呼吸缓解焦虑。具体的做法是：坐在椅上，挺直腰背，身体向后靠并挺直，松开束腰的皮带或衣物，将右手两个手指放在额头上，大拇指放在鼻子右侧，另一只手放左侧。把肺想象成一个气球，先用左侧鼻子慢慢地吸足一口气，直到感觉气球已经全部胀起，并保持这个状态两秒钟。再慢慢地吐气，再换右鼻孔。如此重复 4 次，心情自会缓解。

4. 愉快想象，排除干扰

当自己感到十分紧张，已经严重影响到答题时，怎么办？那就不要勉强自己继续看题和答题，那样只会打击你的自信心，并且使你的思维更加混乱。暂且放下笔，闭上眼，回忆一些愉快的事情，想象自己成功的那次考试情景，或想象那次难忘而有趣的野炊。想得越具体、越生动就越利于紧张心情的松弛。想象时一定不要受不利于情绪放松的念头干扰。如不要去回忆不愉快的事情，不要想象令人紧张、害怕的事，不要受试卷的干扰。

除上述方法之外，考生应严格遵守考场规则以免引起监考老师对你的特别注意，也很重要。因为当受到监考老师的特别注意时更容易产生紧张心理，这时要告诉自己：“我又没作弊，随你看好了”，不必为之分散注意力。

考试是不可怕的，紧张是不必要的。高考是人生的一个转折点，稳定情绪，考生才能仔细审题、认真作答，也才能广开思路。考生只要事先了解自我，调整自我，以乐观、积极的心态去迎接挑战，相信能够取得应有的好成绩。

6. 对学习没有兴趣怎么办

你的困惑：我想去旅游，我想去溜冰，我想去逛街，我想去……但是我就不想就学习，作为学生却对于学习一点兴趣都没有！怎么办？

我来为你疏导：

心灵故事之→

法国昆虫学家法布尔，从小就对昆虫产生了浓厚的兴趣。有天夜里，他提着灯笼在田野观看蜈蚣怎样产卵一连几个小时，他忽然感到周围越来越亮，抬头一看，原来太阳已经从东方升起。还有一次，他爬到一棵树上观察蜣螂的活动。突然他听到大树下有人大喊“抓住他，抓住这个小偷！”这才使他大吃一惊——原来人们竟把他当作小偷！就因为法布尔从小产生的对昆虫的浓厚兴趣，激发了他终身研究昆虫的志向，写下了巨著《昆虫记》，共十卷，对昆虫学做出了巨大的贡献。

透视心灵深处→

学习兴趣是学生有选择地、积极愉快地学习的一种心理倾向，它是学习动机中最现实，最活跃的成分，是推进学生进行自主学习的源动力。根据调查，凡是有强烈兴趣的学科，学业成绩就明显地好。许多研究人员都发现兴趣比智力更能促进学生勤奋学习和注意力集中，从而取得优秀的学习成绩。

美国著名心理学家布鲁纳说：“学习的最好刺激是对学习材料的兴趣。”我国古代教育家孔子对兴趣的重要作用也有精辟论述。他说：“知之者不如好之者，好之者不如乐之者”。一位教育家也曾说过：“如果人们吃饭没有食欲，勉强地把食物吞到胃里去，其结果只能引起恶心和呕吐，至少是消化不良，健康不佳。反之，即他乐意接受，并且很好地消化它。”学习也是同样的道理，填鸭式的教育是不可行的，关键是要有良好的学习兴趣。兴趣是最好的老师。

兴趣的重要性每个人都了解，但是学习兴趣在学习过程中发挥着怎样的具体效应呢？

1. 兴趣能提高人的学习效率

在无兴趣学习的状态下，大脑皮层处于抑制状态，脑细胞呈封闭状态，排斥外界信息，表现为不想学，一学习就感到头痛，用脑效率自然就低。但是在有兴趣时，大脑皮层处于兴奋状态，脑细胞活跃，神经电传导快，促进化学递质释放。信息传输速度快，那么学习的效率就会相对的提高。前苏联教育家科罗廖夫说过：“有兴趣、有吸引力的东西，使识记可能增加一倍半，这就是教学的潜力所在”。可见，兴趣对于学习效率的提高起着至关重要的作用。

2. 兴趣牵引

对学习起决定作用的除了智力因素以外，兴趣、情感、意志等非智力因素也起着相当关键的作用。在这其中，兴趣是其他因素的一个基础与核心。它是时时在起作用的最现实、最活跃的源动力。它有助于理想的形成、确定，有助于意志的磨练和性格、气质的改善。在兴趣的驱动下，学生会有千方百计把学习搞好的信念与决心，会用心去学习，同时兴趣对智能也起着很大的促进作用，是开发智力的钥匙。不能说有了兴趣就有了一切，但可以说，有了兴趣可以带动一切。兴趣对影响学习的各种因素的发展，起到牵引的作用。

3. 兴趣能变“厌学”为“乐学”

夸美纽斯说：“课堂应是快乐的场所。”兴趣与积极、愉快的情感相伴随，会使学生将学习视为乐事，自觉自动地去做。处于青春前期的学生，他们的自我意识增强，反叛心理加重，自己不愿干的事，教师硬要他们干，一般不像儿童那样容易压服，反而会产生厌学心理，所以，是否有学习兴趣对他们来说影响是很大的。

解开心结→

那么，青少年朋友该如何培养自己的学习兴趣呢？

1. 要有一个积极的态度

要想保持自己对学习的兴趣，就不能只去做感兴趣的事，而要积极地做该做的事。在每学一门新知识时，首先不要有畏难的情绪，而要从一开始就注意培养对这门课的兴趣，不要抱着索然无味的态度或厌倦的心理去打开书的第一页。在学习过程中，碰到困难或感到乏味时，要在内心不断的暗示自己：坚持学下去，一定会有趣。

2. 不要先入为主的认为自己对学习不感兴趣

作为学生，每个人都会因为认知的不同，对某一门课程特别的偏爱，对个别课程不感兴趣，这是一个正常的现象。但为了系统的掌握知识，建立合理的认知结构，青少年必须要把对某些课程的排斥放下，不要让先入为主的不感兴趣的思想影响了你。首先要了解自己对哪门课兴趣最大，对哪门课兴趣最小，寻找产生这种差异的原因。其次，要尝试着去做自己不感兴趣的事，而充满兴趣的要去做一切可能做的事情。积极的参与，从心理上亲近，以一种好奇眼光看待这些课程。所有的课程都有其相关性，你可以以自己感兴趣的科目为出发点，将所有的知识体系化，从而培养对其他功课的兴趣。

3. 培养和保持好奇心

好奇心是人们对求知事物积极探求的一种倾向，人皆有之。当一个人处在童年时期时，总会对外界的新鲜事物感到好奇，问这问那，想弄个明白。在这里好奇心就是求知的一种欲望，学习兴趣的先导。正如居里夫人所说："好奇心是学者的第一美德，而好奇心又总是兴趣的导因。"大凡有成就的科学者很小就有着超常的好奇心，例如，本文开头提到的昆虫学家法布尔，我国古代科学家沈括，被英国剑桥大学教授李约瑟称为"中国整部科学史中最卓越的人物"。他对天文、气象、历法、医药等多方面有好奇心。所以，青少年一定要爱护和培养自己的好奇心，带着好奇心去学习各种科学文体知识，带着好奇心去了解大自然，带着好奇心去揭示未知世界的秘密。

4. 让成功的喜悦激发兴趣

在学习上，青少年朋友可以逐步培养自己的兴趣。在学习某一知识时，要从易到难的进行。在开始可选择一些难度较低的习题多做，努力的去战胜它，当你成功了，便会享受到成功的喜悦，这个时候便会对其增加一些兴趣。在此基础上不断增加难度，不断提高，品尝成功的喜悦，你的兴趣就会逐步提高。那么，你会在兴趣的牵引下更加努力，成绩也会不断的提高，兴趣也会更浓，从而形成良性循环，获得更好的学习效果。

兴趣在学习当中的重要性，日本教育家木村久一指出：“天才就是强化的兴趣和顽强的入迷。”如果学生对学习产生了兴趣，就会表现出一种特殊情感，学习起来乐此不疲，正所谓“乐学之下无负担”。或许，把激发学习兴趣作为学习方法来谈，有点儿不恰当，但是，若是离开了这一点，谈任何的学习方法，都是无本之木，无源之水。

第二节　探索学习之路

1. 学习是没有尽头的

书山有路勤为径，学海无涯苦作舟。这句话充分说明了学习是永远没有尽头的，终身学习已经成为当今时代的主旋律。觉悟的圣贤也告诉我们，没到达“无学位”，就是学海无涯、学无止境。

学习乃是成为家庭快乐和个人不断进步的动力源泉。通过没有止境的学习来不断地提高自己，在学习中增长知识，在学习中健康成长。在学习的过程中，我们体会到的不是苦涩，而是一种人生的幸福和快乐！

学习永远没有尽头

不管是哪一种成功，它的到来都不会是一朝一夕的结果。一个人、一个群体、一个民族、一个国家要成长和发展，就必须不断地学习。不懂、不会，就要去了解，就要去学习，学习就是为了以后能够更好地适应新的发展。孔子曰：“学不可以已。”向我们阐述的就是这个道理。

很久以前，有一个小和尚，他想得到一些真正的修为。他就找到了一位高僧；并恳求师父收他为弟子。高僧见他一片诚心，又天资聪慧，便收下了他。两年后，小和尚自以为学到了很多东西，得到了师父的真传，便不想再继续跟着师父参禅拜佛了，于是就向他的师父辞行，要下山去。

高僧一下子就明白小和尚的心思，他并没有阻拦小和尚下山，而是让小和尚拿来一个钵子，然后让他往里面装一些石头，装满为止。高僧问小和尚："钵子装满了吗？"小和尚答："满了，再也装不下什么东西了。"高僧便抓了一把芝麻撒进去，然后晃了晃钵子，芝麻一会儿就不见了，接着高僧又抓起一把芝麻撒进去，晃了晃钵子，芝麻又不见了。"钵子装满了吗？"高僧再次问小和尚。

小和尚惭愧地告诉师父："看上去满了，可是还能装下很多东西。"这时，高僧又取来一只杯子，让小和尚往里面倒水。小和尚看杯子满了，就想停止倒水。高僧却说："不要停，继续倒。"

结果钵子倒满了水后，多余的水都溢了出来。高僧这时候才让小和尚停止倒水，然后问他："满了还装得下别的东西吗？"小和尚明白了师父的一片苦心，请求师父原谅他的无知。

作为青少年，如果你想有所成就，就必须要让自己不断地了解，不断地学习。一个人是如此，一个民族、一个国家也是如此。秦孝公率先变法，使秦国强盛起来，"拱手而取西河之外"；赵武灵王胡服骑射，使别国不敢小觑；还有那"不飞则已，一飞冲天，不鸣则已，一鸣惊人"的楚王，正是他正视现实，励精图治，楚国才能傲视群雄！我们肩负着建设祖国的重任，祖国未来的建设和发展需要我们去奋斗，因此，我们一定要不停地学习，使我们的祖国能够傲然屹立于世界之林！

如果我们现在的学习成绩很优秀，这是不是就意味着我们可以放心休息，安于现状呢？如果有这种想法，那毫无疑问是想错了。孔子集群贤之大成，振玉声金，却仍不断地学习，若非如此，孔子是不可能从百家中脱颖而出成为儒家的创始人；当代围棋世界第一人李昌镐，虽已达至尊之位，仍毫不知足，依然勤力于围棋，因此他的霸主之位才坐得稳如泰山。相反，王安石笔下的神童仲永，被他父亲当作摇钱树而没有继续学习，最终变成“泯然众人矣”。因此，我们一定要像孔子、李昌镐一样，不断地学习，不断地进取，这样才能走在别人的前面，走在时代的前沿！

时刻谨记：学无止境，学习的道路是永远没有尽头的，我们一定要一直向前行进！

我们需要终身去学习

在漫长的历史之中，先祖为我们积累了大量的知识财富，因此我们有着永远也学不完的知识，即使到老也学不完。从自身来讲，学习是对精神的充实，在学的过程中，我们会思考，在思考的过程中，人性会得到升华。在我们短暂的一生中，需要突显自己的价值。年轻时，学是为了理想，为了安定；中年时，学是为了补充，补充空洞的心灵；老年时，学则是一种意境，慢慢品味，自乐其中。活到老学到老，平凡的一句话，是做人的大意境。作为中学生，我们一定要将终身学习这一理念根植于心灵深处。

日常生活中，我们经常会听到有人说：“活到老，学到老。”但对于青少年来说，可能根本不理解为什么会有这样的说法存在，感觉好像是一句空话。但仔细观察周围，就会发现，“学到老”的例子居然可以信手拈来：婴儿呀呀学语，儿童的各类趣味班，学生时代的在校学习，工作以后的在职培训，退休后的重新认识生活，各处的老年大学里更是人才济济，因为几乎所有的事情都需要不断学习。健康成长、获取知识、掌握技能、完成工作、人际交往、休息娱乐……

只不过有所不同的是，有的人善于了解、学习，于是在各种环境中都能应付自如，游刃有余。有的人却故步自封，懒于了解、学习，结果遇事时总会感到不知所措，长大后与社会格格不入，最终被社会所抛弃。

生活中所呈现的一个个闪亮的珍珠，都是通过学习这条线而串连成了一条美丽的项链，使人生处处充满色彩。

总而言之，不管你是出于什么目的在学习，只有明白了学无止境，需要终身学习这个道理，通过知识实现梦想，通过读书来寻找乐趣，通过知识来创造未来，那么，你今后的人生将会是一片光明。

2. 怎样从学习中发现快乐

人类最大的乐趣莫过于学习。因此青少年应该以轻松的心情来面对学习，在快乐中学习，在学习中寻找快乐。不要把学习看成是一种强大的压力，我们可以发现学习中其实存在着很多的乐趣。仔细观察那些学有所成之人，会发现他们都是快乐的，脸上总是带着自信而阳光的笑容。

快乐是每个人都想从学习中得到的，哲人的睿智在于他对待学习的一种积极乐观的态度。人类之所以能够成为世界的主宰，就是因为人类善于学习。而能否把学习作为一种乐趣，一种需求，一种享受，则取决于主观的态度。如果你的学习很好，那么你的快乐就会远不止一次，甚至可以有成千上万次的快乐来袭。

因此，只要有快乐伴随，学习将会因此而变得更加精彩。用学习来充实自己的生活，让学习变得就像每天吃饭睡觉一样重要，将学习成为生活中一件有趣的事情。

在学习中寻找快乐

当今时代的中学生，学习压力普遍比较大。由于考试成绩不理想，便很容易造成情绪低落学习厌倦，但只要我们敢于面对，用正常的心态正确对待，无须虐待自己，无须让忧郁和烦恼充斥自己的心灵。

也许你会有疑问：在学习过程中，如果坏情绪一旦来袭，该怎样才能保持快乐，又到哪里去寻找快乐，寻找一份好心情呢？其实寻找快乐并不是一件难办的事情。只要我们学会对症下药，问题就会迎刃而解。

苗莹是一个非常爱动脑筋的学生。谈及在学习中发现快乐，她自己也颇有体会：说到学习，很多同学都会皱眉头，我也一样。刚学语文的时候，我觉得很深奥，在老师的帮助下，我对语文渐渐产生了兴趣，并摸索出了一些办法。

就比如说，在学习《白杨》这一课时，我组织几个同学，来到野外一片杨树林里，分别扮演课文中的爸爸、妈妈、哥哥、妹妹几个角色，并把片段用照相机拍下来，作成幻灯片。听着老师绘声绘色的讲解，看着身边同学扮演的角色，同学们都感到很新鲜，课堂气氛一下子活跃起来，本来难懂的课文，在轻松愉快的气氛中掌握了。同学们渐渐喜欢上了语文，好多同学还开始做起了小作家、小诗人的梦想。

学习中保持愉快的心情是最重要的。或许你正在为明天的考试而埋头苦读；或许你正在为昨日成绩的不理想而烦恼和焦虑……生活中自然而然地多了几分乏味、紧张、烦躁的情绪。

这时，你不如丢开书本，抛去紧张，怀着一颗平常心，对着天空大吼两声，感受大自然的美好，去寻找属于我们自己的快乐，有了快乐学习效率自然就会提高。好心情不是人人都有，也不是时时都有，就像好天气一样不是每天都会有。但只要我们能够端正学习态度，明确学习目标，懂得在学习中寻找快乐，那么我们的人生肯定是光明而美好的。

的确，生活中确实会存在很多令人快乐的事，但对广大的青少年朋友来而言，学习中的体验到的快乐可以说是最珍贵。不可否认“十年寒窗苦”，但苦中却有乐同行，因为苦中蕴含着淡淡的甜。在获得累累硕果之时，那种成就感和快乐感可谓是难以形容的。让自己的学习生活充满快乐，你会进步得更快，收获得更多。要相信，只要你努力了，付出了，就一定会有回报！

让快乐与学习同行

中国世界级的数学家陈省身曾经说过：“数学好玩”。从这里可以看出，学习不仅不苦，而且是很快乐的。苦和乐永远是相对的，关键是你的态度，快乐学习是一种态度，一种境界，一种追求。想一想，老师从容地走向讲台，传授知识，揭示那些未知的答案。然后每一位学生都应该认真地听讲，积极地配合，与老师一起在知识的旅途中奋进前进。一路上，不知不觉的，自己的头脑中装满了令人羡慕的知识，难道这不是一种快乐吗？知他人之知，解他人之不解。

想要在学习中收获快乐，首先就应该培养自己浓厚的学习兴趣。没有兴趣，就不会主动去学习。只有让我们快乐的事情，我们才会产生兴趣。通过学习，我们可以掌握未知的东西，是发现的快乐；把学习到的知识运用到实际生活中，便是收获的快乐。

此外，一定要养成良好的学习习惯。因为学习是一个积累的过程，一时兴起或者半途而废都不可能会有收获。所以，学习习惯的养成也是一个长期坚持的过程。积水成渊，在点点滴滴的积累之中养成良好的学习习惯，一定会取得可人的学习成果。

或许你以前不喜欢学习，上小学时经常逃学旷课，天天以书笔为仇，以学习为敌。但当你捧着奖状回家，看到父母脸上的灿烂笑容，听到父母的夸赞时，当你的文章出现在报纸上时，那种无法用语言表达的感觉会让你感受到成功的喜悦，你会感觉到学习是件多么快乐的事。随着年龄的增长，你会渐渐喜欢上学习，因为你越来越体会到学习中所蕴藏着的快乐。

在学习生涯中，每一次成功，每一个进步都会让我们感受到快乐，考试取得满意的成绩我们会快乐；解出一道数学难题我们会快乐；完成一篇好文章我们会快乐，得到老师的夸奖我们会快乐……学习中的快乐是无穷无尽的，它像汩汩清泉一样滋润着我们的心扉。拥有了快乐，会进一步唤醒我们心中的斗志，从而激发我们继续向前行进，与快乐同行。

3. 怎样巧妙掌握学习技巧

在周恩来文集里，曾经有过这样一句话：加紧学习，抓住中心，宁精勿杂，宁专勿多。由此可见，学习并非一件容易的事情。

学习绝不是简单地将信息塞入头脑，而是需要掌握不同学科的学习方法，而好的学习方法使你事半功倍，不良的学习方法使你事倍功半，因此学习一定要掌握正确的方法。

学习方法应该是因人而异的，不是每个人都能够接受同一种学习方法的，对于青少年来说，选择一种非常适合自己的学习方法，不仅能够让自己的学习成绩很快的提高一个层次，更重要的是能在好的学习方法中找到学习乐趣，从而游刃有余的学习。

学习方法最重要

“学习不仅要认真，还要有正确的学习方法”。这句话的含义是很深刻的。换句话来说，也就是倘若把学习比作轮船，勤奋则是轮船的马达；正确的学习方法便是轮船的方向盘与航线。德国哲学家笛卡尔也曾说过：“最有价值的知识是关于方法的知识。”

在很久很久之前，一个非常贫穷的孩子遇到了一位神奇的老人，老人用手指把路旁的一颗小石子化成金子送给孩子，孩子摇摇头。老人用手指又把一块大石头点化成金子送给他，孩子还是只是摇了摇头。老人生气地责问：“金山还不要，你要什么?”孩子不慌不忙地说：“我要您的手指头。”老人一听笑了。对于青少年来说，我们在学习上需要的也正是这种“点金术”。事实上，科学的学习方法不能一蹴而就，它需要经历一个由浅入深、由表及里的过程。

对于青少年来说，学习是一个由浅入深，循序渐进的过程。这个过程有困难也有收获，有苦恼也有喜悦，包含着许多丰富多彩的内容。不管怎样，满意的学习效果无不来源于科学的学习方法。因为明确的学习目的是学习成功的前提；浓厚的学习兴趣是学习成功的动力；正确的学习方法才是学习成功的保证。

学习有法，而无定法。凡会学习者，学习得法，则事半功倍，凡不得法者，则事倍功半。青少年应该都能找到一套适合自己的学习方法，然后才能在未来的学习道路上前进的更快。正如清末明初学者王国维所述说的那样，为学有三层境界：

这第一层境界，“晚夜西风凋碧树，独上高楼，望尽天涯路”。开始学习时，举目四望，学海无涯，感到困难重重。这一层就像我们刚开始学习的时候，根本就找不到正确的方法，然后就会采用死记硬背的方法，从而会做出许多的无用功。

第二种境界，“衣带渐宽终不悔，为伊消得人憔悴”。为了达到学习目的，付出再艰苦的努力也心甘情愿。而这一层就不同了，这就像我们已经走在正确的学习方法的道路上，但是发现自己的方法还是不很健全，所以处在一种半死不活的状态。

第三种境界，“众里寻他千百度，蓦然回首，那人却在灯火阑珊处”。掌握了学习规律和学习方法，就能由学业上的“必然王国”达到“自由王国”。这最后一层就成了死去活来，灵活正确的掌握了学习方法。

所以如果掌握好了正确的学习方法，就会给广大青少年带来高效率和乐趣，从而节省大量的时间。而不得法的学习方法，会阻碍才能的发挥，越学越死。给青少年带来学习的低效率和烦恼。由此可见，方法在获得成功中占有十分重要的地位。

使用花招掌握学习技巧

每一个青少年都想获得一种适合自己的学习方法，那么究竟怎样才是正确的学习方法呢？我国古代伟大的教育家孔子，在学习方法上他主张“学而时习之”，“温故而知新”，“学而不思则罔，思而不学则殆”。这些学习的方法是值得我们借鉴的。但不论怎么样，正确的学习方法应该遵循以下几个原则：循序渐进、熟读精思、自求自得、博约结合、知行统一。这才是最正确、最科学的。

第一，要懂得循序渐进。也就是要系统而有步骤地进行学习。它要求我们应注重基础，切忌好高骛远，急于求成。而这种循序渐进的原则主要体现为：一定要先打好基础，还要做到由易到难，更重要的是应该量力而行。

第二，熟读精思。也就是要根据记忆和理解的辩证关系，把记忆与理解紧密结合起来，两者不可偏废。因为在学习的过程中，谁都知道，记忆与理解是密切联系、相辅相成的。这一点是很重要的。

第三，自求自得。就是要充分发挥学习的主动性和积极性，尽可能挖掘自我内在的学习潜力，培养和提高自学能力。对于青少年来说，切不可为读书而读书，而是应该把所学的知识加以消化吸收，变成自己的东西。

第四，博约结合。众所周知，博与约的关系是在博的基础上去约，在约的指导下去博，博约结合，相互促进。坚持博约结合，一是要广泛阅读。

第五，知行统一。就是要根据认识与实践的辩证关系，把学习和实践结合起来，切忌学而不用。知行统一要注重实践，一是要善于在实践中学习，边实践、边学习、边积累。二是躬行实践，即把学习得来的知识，用在实际工作中，解决实际问题

对于青少年来说，学习有法，而事半功倍。法国大生理学家贝尔纳说：“良好的学习方法能使我们更好地发挥运用天赋的才能，而笨拙的方法则可能阻碍才能的发挥。”总而言之，通过有效方法学习和反复运用，使自己形成一套正确有效的现行方法，它是你不断成功的基石，将使你受益终身。

4. 不耻下问能成就学习吗

《论语·为政》:“知之为知之，不知为不知，是知也。”这对于充满疑问的青少年来说，养成不耻下问的习惯，是很重要的。

经常多问几个为什么，是吸取知识的捷径。在生活上、学习上，敢于提问，爱提问，才有新的突破。

自古以来，不耻下问是中华民族的传统美德。孔子说过:“敏而好学，不耻下问”，“三人行，则必有吾师焉。”不把向学问、地位等不如自己的人请教当成可耻的事。并谦虚、好学。一旦“不耻下问”形成习惯，就成为一种品质，在不断地询问中，不断地解惑中就会从不会到会，从不知到知晓，从知之不多到知之甚多。日积月累，自己就会逐渐变成一个很有学问的人。

不耻下问

青少年正处于长知识的阶段，对于学习应该有一种正确的学习态度，才能真正的学到知识，尤其要学会不耻下问。“敏而好学，不耻下问”这八个字，从表面上来看，敏而好学似乎还比较容易做到一些，而不耻下问就非常之难了。

因为，敏而好学不外乎是聪明而勤奋罢了，这方面的典型，有很多，如:“凿壁偷光”、“囊萤映雪”，甚至“头悬梁，锥刺股”等等。但是说到不耻下问则是要向不如我们自己的人请教，这不仅是个好不好学的问题，所以，尽管“不耻下问”是我们经常挂在嘴边的话，但若要自己真正实行起来，并不是那么简单的。

春秋时代，孔子被人们尊为“圣人”，他有弟子二千，大家都向他请教学问。他的《论语》是千百年来的传世之作。

孔子学问渊博，可是仍虚心向别人求教。有一次，他到太庙去祭祖。他一进太庙，就觉得新奇，向别人问这问那。有人笑道：“孔子学问出众，为什么还要问？”孔子听了说：“每事必问，有什么不好？”他的弟子问他：“孔圉死后，为什么叫他孔文子？”孔子道：“聪明好学，不耻下问，才配叫‘文’。”弟子们想：“老师常向别人求教，也并不以为耻辱呀！”

无数事实证明，能“不耻下问”的人才是真正伟大的。我国唐朝著名诗人白居易，每写好了诗，都要拿到邻居老婆婆那里念给她听，问她哪些地方听不懂，需要修改；我国著名的医药学家李时珍，为了写《本草纲目》，在去各地的考察植物过程中，虚心向平民百姓请教；我国西汉杰出的史学家司马迁，为了写《史记》，在去各地游历的过程中，虚心向老百姓请教，采访史实。

其实虚心好学，肯向一切人，包括向比自己地位低的人学习，是一种学习的态度，也是一种心态。对于每个人而言，了解清楚的东西以及事物都是非常少的。所以，去学习别人的东西是非常重要的。不懂就要学，不要总觉得自己什么都会。然后就什么也不问，或许有些青少年，心高气傲，不愿低下头向别人学习，总认为自己是这个世界上最好的，根本听不进别人的话。这是不对的，到头来还是会害了自己，因为结果是自己什么也没有学到。

不耻下问的态度

不耻下问其实就是一种学习的态度，所以当你遇到不懂的问题的时候一定要去认真地学习，要有不耻下问的精神，要做到处处留心，因为世界上每一个角落都是知识的安身之所。一个有着谦虚好学态度的人总能学到更多的知识。

但是在学习的过程中，因羞于脸面而不敢不耻下问的学生却是在太多，而这种心理和思想又大大抑制了我们的发展，抵消了同学们的才能和努力，使我们的骄傲自满心理潜滋暗长，因而忘记了自己的无知、丢掉了自己的求知欲。

然而，不耻下问的人往往赢得人们的敬重和爱戴。那些真正的学问家、那些伟人，因为懂得学无止境，所以总能看到自己无知的一面，从而不断地学习，不断地向他人请教，不断地完善自我。作为国家领导人的毛泽东向艾思奇请教哲学问题：“其中有一个问题有疑点，请考虑后当面告诉我。”他这种虚怀若谷、不耻下问的态度不仅让艾思奇感动，也让我们认识到：学高为师，能者为师。

就比如现问，也就是说发现问题不能拖延时间，要立即向懂得该问题的能人请教；还得学会巧问，请教问题，请教对象要找准对象、找准时机、找对方法，用最小的时间成本、金钱成本获得解答问题的方法。

其实不耻下问这种正确的学习态度能够迅速获得解答问题的方法与答案，减少无谓的探索；启迪自己的智慧，激励青少年去探索更多的未知世界；在请教问题的同时，还能拉近人与人之间的距离，做到和谐相处，并获得解答问题的乐趣。其实不耻下问这种学习态度在问的过程中还得注意方法，做任何事方法永远是最重要的。

从古到今，人们对世界上的事物都是由“不知”到“知”。过去如此，将来也应该是如此，只有这样，人类历史辉煌的篇章才能够继续发展，使我们的生活过得更好。所以，青少年朋友们就更应该总结前人的教训，做到不耻下问，有疑问就要去请教别人。

5. 善于思考就是学问吗

英国文学家培根曾经说过：书并不以用处告人，用书之智不在书中，而在书外，全凭观察得之。

是的，只有思考才是打开知识殿堂的金钥匙，才是通向成功之门的铺路石，是揭开“未知”世界的宝典武器。

任何时候都不要忘记学习，学习可以使大脑不断的升级，要敢于问，善于问，学问是既需要学，又需要问，只学不问非学问，时时有学问，处处有学问，要善于思考，只有经过大脑的东西才能变成自己的学问。

会思考，处处是学问

现代社会是一个知识与能力并存、发展日新月异的社会，每一个人都必须不断积累、更新，不断从实践中发现问题、分析问题，从而进行归纳和总结，从而思考出解决问题的办法，不断取得新的进步，唯有这样才能紧跟时代节奏，勇立时代潮头，做时代的弄潮儿。作为一名新时代的接班人，更应该做一个“有心人”，事事留意、处处留心，勤学善思，身体力行，不断丰富自我、完善自我、发展自我。

很早以前，古希腊有一位很有名的科学家叫阿基米德，他在一次洗澡时竟然发现了水的浮力原理。根据这些，他解开了别人没有解开的金冠的秘密。原理是：拿两只高度和容量都相等的瓶子，把金冠和一个和它重量相同的金块，分别放入装满水的瓶子里。当水从瓶子里溢出时，用两个盘子接着，然后再把两个盘子里的水称一下。如果放金冠的瓶子溢出的水有很多，就说明金冠的含金度不高。这则故事给我们的启示就是：只要你善于思考，学问就在我们的身边。

“处处留心皆学问”，是很正确的教育理论，要养成勤于思考的习惯，要善于总结经验。聪明人都是爱思考的，而且都是多方面发展的。每天都对自己的学习提出检讨，看看哪些地方做得好或不好以及为什么。只有多问自己几个为什么，就能发现自己在学习中遇到的困难，才能让自己更上一层楼，促使自己不断改进学习方法。只有提升学习的能力，才能成为同龄人中的佼佼者。

世间的任何一件事物，都有它自身存在和运行的规律。如果想要全面地认识这个世界，掌握规律，学到知识，就要善于思考，留心观察。如果你做不到这些，知识是永远不会主动跑到我们的头脑中来的。

学习，要善于思考

有些青少年总认为，把书本上的知识学到手了，就可以“逍遥”走世界了。其实不然，所有书本上的知识只是知识海洋里的“一粟”，学到了它，只是学到了一部分，千万不可骄傲，在知识海洋里停止不前。如果这样，会被社会、被时代淘汰的。

现今的社会是个知识的社会，很多人为了显示自己是个“知识分子”，不惜代价去学什么学习班，这并没有什么错误，关键是不要忽视了身边、生活中的知识。

这是一个需要思考的时代，在这样的时代里，在这个生活方式和社会价值观激变、各种世界观相互冲突的世界里，又将如何寻求自我？我们每天按照惯常的轨迹学习、生活，每天都在重复同样的过程。我们需要反思自己的灵魂，阅读自己存在的深度，以便对时代保持一种正确、深刻的解读。

洗澡是每个人都经历过的事情，为什么阿基米德洗澡的时候，就知道如何去解开金冠之迷呢？阿基米德并不是一生下来就是天才。他发现水的浮力，是因为他善于思考，留心观察，才得出结论。如果他不善于思考，不留心观察，他即使洗一万次澡也不会知道什么是水的浮力。

由此，我们可以得知，书本上的知识是我们的前辈们善于思考，留心观察的结果。一个人只要勤于观察、勤于思考、勤于试验，不怕失败，他就会发现生活中一切可以发现的问题。

作为一名学生，我们不能让“视而不见”“熟视无睹”蒙蔽了我们自己探求知识的眼睛，麻痹了自己积极进取的心。所以，我们在追求书本知识的提前下，不要忘记留意一下自己脚下的风景。

牛顿通过留意苹果落地，发现了“万有引力”学说，也许就在一个平凡的瞬间中，因为你的善于思考，而迸发出一些出人意料的想法。在我们身边的知识有很多，只要你善于思考，用心去观察，用心去寻找，你就会发现，生命的音符，色彩都会存在无穷的知识里。

亲爱的青少年朋友，让我们张开梦想的翅膀，去穿越知识王国吧！朋友们，就让我们用不平凡的眼睛去探索奥秘吧！要相信，只要我们留心，就会发现知识的存在。我们要永远记住：学习不仅仅是接受课本上的知识，更是对生活中经验的总结和体会，所以，用心去观察、去思考，用眼去关注、去发现，用手去创造吧！

6. 学习是一个成长的过程吗

用心去挖掘成长过程中的每一个闪光点，投之以学习的热情，往往会得到意想不到的收获，并在成长之路上迈出新的一步。

我们在学习的过程中，经常会发生始料不及的错误，有的错误还会不断重复出现。学习伴随着我们成长，与成长同行。成长道路上，有喜悦，自然也有伤痛。对此，我们一定要坦然面对，正确对待学习，顺利走过这段人生中重要的成长历程。

学习也是一种成长

我们注定要在学习中成长，不管在任何环境之中都应努力学习，要懂得随缘成长。就个人而言，你可以选择一个方向，朝着它去努力；但不可能选择遭遇，因为遭遇已经发生在生活之中，它就是你的缘。要提醒自己，用耐心去面对挫折，用长期耕耘培养实力；人生并不是一天一月，而是一辈子的长跑。缘是无可逃避的，逃避的人变得退却，变得无能和痛苦。唯有肯随缘成长、主动出击、勤奋向上，我们今后才能够去适应变化无常的外界环境，因为我们学会的是生活的本领。

晓倩是某实验中学初三学生，不仅学习成绩优异，而且也很讨人喜欢。老师和家长都非常喜欢她，每次省级市级的奥林匹克数学竞赛，都拿一等奖。当别人问她学习的技巧是什么的时候，她轻松而又坦然的答道：“我从来就是把学习当成一个成长的过程，让学习伴随着我成长。”

原来，她的学习秘诀就是把学习当成一种成长，不逃避、不恐惧，并努力从学习中找到自我。

透过晓倩的事例，我们可以知道，学习本身就是一个成长的过程。纵观古今，大凡成功人士，无一不是把学习当成一种成长的必然经历。他们对于生活中不幸的遭遇和挫败，从来没有一句怨言，甚至可以说是任劳任怨，从中学习、汲取经验。经过一段时间，他们的知识会有很大程度的提高，从而奠定成功的基础。这些成功的人，无论是在商界、政界、学术界或其他行业，都经历过挫败和磨练，在所遭遇的困境中学会迎难而上，在顺境中学会自我鼓舞。他们懂得“要随波逐浪，不可随波逐流。”

只要我们懂得了随缘学习、成长和创造，就会掌握住随波逐浪的契机；如果我们不懂得从中汲取教训，不能随机结缘，那么最终会被挫败的浪涛袭卷而去，以致最终随波逐流。

只要我们肯努力去学习，善于运用自己的遭遇，成绩就会像纺织地毯一样，越编越大，能力也会变得越来越强。大部分的人执著于在读书和学业上，只要功课表现不佳，就自以为失去人生的光彩和梦想，而遗忘了自己还可以打开人生的视野。一定要当心这个陷阱，设法不被这些成见所障蔽，做一位有梦想、肯实践的人。身处逆境确实会使人吃苦，但在它的背后却隐藏着良机，我们往往可以从中学到最宝贵的成长经验。

在学习中逐渐成长

我们是高空中展翅飞翔的雄鹰，需要通过不断的学习，搏击蓝天，翱翔在蔚蓝的天宇；我们是在大海中游动的小鱼，需要通过不断的学习，为自己增添破浪的勇气，畅游在碧绿的海底。在不断的学习中成长。在这股凛凛雄风的驱动下，于险恶的暗礁中扬帆，在汹涌的怒涛中远航。我们每个人，都在学习中不断地成长，在不停的汲取和效仿之中，将生命打磨得晶莹剔透。

在看到别人的优秀时，不要自怨自艾。一定要远离自卑，要学着阔步向前，吸取他人的长处，让自己在不断地学习中脱胎换骨，褪去灰败的外壳，变得光芒四射。渐渐地，你就会看到同学们眼中的惊喜，看到父母欣慰的笑容，看到通过不断学习而蜕变成长的自己。

要学会沉稳和认真的学习，改掉以往的张扬和自大。让冷静认真、踏实的能力在心中生根发芽，在认真思考驱使下的层层蜕变，将其转化为自己的能力。这过程悄无声息，却又跌宕起伏。它不仅是教导我们细心地去发现并学习身边人优点的过程，更是在学习中成长的过程。

成长是通过一个个学习的脚步铺成的道路。当有一天，我们回头看走过的人生历程之时，便会发现学习的脚步早已铺就了一条蜿蜒起伏的路，它们向我们展示着我们走过的成长之路。我们不是在走别人走过的路，不是盲从，而是向正确道路行进的便捷方法。我们应继续努力学习，完善自我，在这条成长的路上印出更多完美的脚印，使自己成为一个优秀的人。学习，永远不会停止；成长的路，会一直在我们的脚下蔓延。

我们只有通过不断的成长和学习，才能够积累经验和智慧，才能解决问题、克服困难和挑战。不断成长和学习的人，才会有信心，自我认同才会完美，心理才能健康平衡。当然，在更高层的精神生活和悟性上，唯有透过学习和成长，才可以获得清醒的觉察和领悟。

7. 学习就是一种生活态度吗

学习本身就是一种生活态度，是我们每个人在一生中在面对新事物时，所应具有的一种积极的生活态度。虽然我们具有一些与生俱来的本能，但只有通过学习才能使最初始的本能成为可以不断提高的本领。在现代社会，获取文化知识尤其重要，特别是在学生时代。

培根说，读书足以怡情，足以傅采，足以长才。显然，只有学习才是青少年迫在眉睫的当务之急。学生时代虽然是以吸取文化知识为主，但并非只有对文化知识的追求与掌握过程就是学习。

其实在我们的生活中，我们每个人都在自觉或不自觉的、主动、或被动地不断进行着学习，通过各方面的学习来编织自己的美丽的生活之梦。

感悟生活，重新认识学习

有句话说的十分豪迈：“忘记昨天的妥协与失败，把握今天生活中的每一道菜。不许让他腐败，要让它成为你今天的主宰。”

然而，在我们的日常生活当中，有很多的青少年朋友，只知道参加各种培训和教育，将其看成是学习和完成积累知识的手段，心中却根本不了解学习的真正目的在哪里。要知道，学习的根本目的在于改变，一个人为学日益，但心智模式、行为方式、人际方式却没有什么改善，当然不能称之为是真正完成了学习。

为了充分认识到学习和生活的关系，在此，以假期生活为例来说明：在经过一个学期紧张而生动的文化知识的学习之后，终于迎来了可以放松神经的日子。在假期到来之时，我们每个人都会认真地考虑如何度过自己的假期生活。在安排假期生活时，一定要考虑全面，从而合理安排，如要考虑个人兴趣所在、家庭承担能力、和父母沟通、及文化学习的衔接、时间如何安排……去夏令营，学习交往、宽容、合作；去爷爷家，学习体会长辈的慈爱；自己独自在家，学习自律、自控；到朋友家去小住几天，学习尽快适应新的环境；和妈妈一起学做新菜，和爸爸一起评论时事；即使是下军棋、象棋、五子棋，也是需要学习的。假期如何安排要视具体情况而定，但无论如何安排，只要能够抱着学习的态度来生活，定会度过一个愉快而大有收获的假期。

但需明白，假期“休息”的含意是指大脑的部分功能区域，而绝不是学习的中断。只要抱有学习的态度，那么，生活中其实事事都需学习，处处都能学习。

其实，“学习”这个词很广，很深远。青少年朋友要想做到淋漓尽致很难。因为没有人可以用有限的生命学会无限的知识。也没有人可以一辈子都不学习，因为在生活中处处都离不开学习。我们一辈子都是在学生的位置上。

莫入误区，端正学习态度

古往今来，流传着许多关于学习的精辟论述。对于这些论述以及其启迪价值，我们可以说是耳熟能详。然而，在学习过程中，我们却依然会陷入一些学习误区，无法以正确的态度对待学习。

容易走入的学习误区主要有两个：一个是占有式的学习，另一个则是不了解学习的真正目的。

相信很多人都曾信誓旦旦地定下学习计划和目标，但在实施的过程中，却是虎头蛇尾、有始无终、半途而废、不了了之，最终都没使自己的计划顺利完成。这就是占有式的学习。在急切渴望提高学习成绩的潜意识下，由于受到周围各种因素的影响而不能按照计划正常学习，以致在下一次考试中，成绩依然不见好转，在患得患失和焦虑的双重惆怅之中，丧失学习兴趣，产生一种学习是一件让人备受折磨的恐怖之事。

占有式学习的逻辑在于：自己的付出与收获一定要成正比。如果成绩提高，便会感受到喜悦；如果成绩下降，则会因此心灰意冷。

想要避开这种学习的误区，就应该培养自己一种“存在式”的学习态度，享受学习带来的乐趣。犹如在读名著时的表现：有空时如饥似渴般沉溺其中，随小说中人物的喜怒哀乐悲欢离合起落沉浮，或嘘唏，或玩味，或愤慨；没空的时候，则将小说丢在一边，任其发黄卷角尘埃堆积也无所谓。就好比在吃饭时，我们所关注的应该是所选食物对身体是否有好处。存在式的学习，会让你不拘泥于成绩的好坏，以收获有用知识为标准。

爬山时，我们爬过的只不过是自然界中的山，殊不知，世上还存在着另外一种山，那就是我们心中的“山”——生活的目的。真正有理想、有抱负的人，他们心中永远都有一座“山”。并且从小就餐风饮露，不畏艰险，奋发跋涉，努力攀登自己心中的那座“山”。只有翻过自己心中的“山”，才能取得优异的成绩，才能真正端正生活态度。

青少需要明白的是：学习的目的是为了改变，正所谓学而后变。如果只是掌握了一些学习的理论和方法，而行为和思维方式没有丝毫的变化，这只能说是完成了学习的过程。如果不懂这些，以后走出学校，会很难适应外界环境。学习就是为了让我们培养正确的生活态度，我们应该通过学习来改善自我，超越自我。